故宫−清华−WMF家具与内檐装修保护培训2021届学员毕业项目报告合集

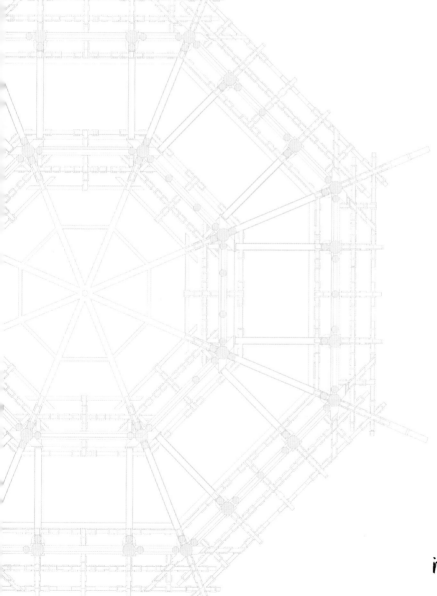

赵鹏　赵波　方国一　主编

应县木塔『实习医生』手札

清华大学出版社
北京

图书在版编目（CIP）数据

应县木塔"实习医生"手札 / 赵鹏，赵波，方国一主编 . —北京 : 清华大学出版社，2024.3

ISBN 978-7-302-64981-6

Ⅰ . ①应… Ⅱ . ①赵… ②赵… ③方… Ⅲ . ①佛塔－古塔－文物保护－研究－应县 Ⅳ . ① K878.64

中国国家版本馆 CIP 数据核字（2023）第 243955 号

责任编辑：张 阳
封面设计：吴丹娜
版式设计：谢晓翠
责任校对：欧 洋
责任印制：杨 艳

出版发行：清华大学出版社
   网 址：https://www.tup.com.cn，https://www.wqxuetang.com
   地 址：北京清华大学学研大厦 A 座 邮 编：100084
   社 总 机：010-83470000 邮 购：010-62786544
   投稿与读者服务：010-62776969，c-service@tup.tsinghua.edu.cn
   质量反馈：010-62772015，zhiliang@tup.tsinghuan.edu.cn
印 装 者：小森印刷（北京）有限公司
经 销：全国新华书店
开 本：165mm×240mm 印 张：17.75 字 数：277 千字
版 次：2024 年 3 月第 1 版 印 次：2024 年 3 月第 1 次印刷
定 价：128.00 元

产品编号：099339-01

前言

赵鹏

　　本书是一本由 14 人合力完成的学员毕业项目报告合集。学员年龄从 20 岁到 40 多岁不等，既有高等院校的老师和学生，也有遗产地管理人员和设计院员工。他们在承载千年时空的应县木塔里上下求索了 8 个多月，就是想运用他们在故宫－清华–WMF 家具与内檐装修保护培训[1] 中学习到的理论知识，认真地回答书中提到的这个问题，即"绕了一个圈子，回过头来看当今木塔保护最基础的任务——木塔'生理'。那么，我们真正了解木塔了吗？"

　　显然，团队认为没有真正了解。于是，大家开始扒文献资料，整理前辈学人的研究成果；借着应县文物管理部门大力支持的良机，进行现场比照调查并全面分析；"功夫在塔外"，开始研究保护工作罩棚的设计方案。顺理成章，形成了本书的"分工—史料—木结构—造像—彩画—大棚"的整体框架。

　　全书内容虽为年龄参差的"学生"视角，实则离不开一位灵魂人物——刘畅老师。从选题到实操，从现场调研到案头写作，刘畅老师出于对木塔的敬畏和梦想，十数次到现场指导学生工作。全书聚焦在所谓木塔生理问题的背后，是他受到美国特拉华州温特图尔博物馆（Winterthur Museum）的格里高利·兰德雷先生文物保护"三足凳"理论启发后撰写的"一尊三足鼎"建筑遗产保护学科总体框架畅想。木塔实习的重点是训练学员们在三足鼎整体结构之下的"遗产医学"中了解"生理"、分析"病理"的能力，为"药理"解决提供前期技术支持。训练并不是我们的核心目的，我们希望让木塔保护工作者清醒地认识到，在"生

---

1. 故宫-清华-WMF（World Monuments Fund，世界建筑文物保护基金会）家具与内檐装修保护培训（Conservation Resources for Architectural Interiors / Furniture and Training，CRAFT）在下文中简称为 CRAFT。

理构造"没有研究透彻的情况下，全面妥善的保护方案是无法实现的，大量的基础性工作有待深入开展。

从 1933 年梁思成、莫宗江等诸位先生首次勘测应县木塔以来，已 90 多年，关于木塔保护的世纪之辩也不断涌现。作为中国建筑历史研究和文物保护学科王冠上的宝石，木塔保护工作科学、有序地开展，事关重大，我辈学人皆应为此担当与奉献，故有此书，愿为木塔保护之决策者提供一隅之见。

目录

4
造像组

1

分工

刘畅　赵波　赵鹏

诗成记羣音，长影白日熏。

寂寞丹青浅，毫厘丈尺真。

九层榱桷杪，半部宋辽金。

枉志扶危构，空樽对师心。

1.1 缘起

　　无论从建筑史还是从文物保护的角度来讲，应县木塔无疑都是学科王冠上的宝石。攀登巨人的肩膀，仰望巅峰的荣耀，是所有学人心中敬畏和梦想的杂合。在故宫和清华旗帜下汇聚在一起的CRAFT的学员和教师们，与其说是狂妄地选择木塔为练兵场，倒不如说是找到一次亲近木塔的机会，一次寻找在最高的山峰之前安顿心境的状态。这种状态将在大家开启或者重新回到文物保护行业生涯之际，把大家带回踏踏实实的起点，并给大家提示，让大家看到自己的渺小，看到前面是一片浩瀚的天空。

　　2020年11月13日，星期五，应县国利宾馆会议室，来自CRAFT项目的学员和课程辅导教师开始了木塔现场学习的第一次讨论课。讨论的内容聚焦于重申培训及其所依赖的对于学科框架的认识，并回顾了研究团队现有资料来源及其优势和局限性，进而明确了工作重点和分工协作方式。

　　2020年11月至2021年7月是CRAFT的结业实习研究的时间段。经过半年多紧张而快乐的分工探索和集体讨论，终于有了这份成果的呈现。这个选题得到了当地政府和文物管理部门的大力支持，碎片化的研究心得也得以连缀成册。在进入正题之前的第一章，我们希望重温一下选题之初的志忐检索，以及CRAFT培训的立意和我们对于专业未来的理解。

1.1.1 资源

　　必须思考的是，今天我们这个团队的工作到底能不能对中国文化遗产研究院领衔开展的木塔保护课题有所裨益呢？是否更有把心得刊行出来的价值呢？我们不能自诩"栋梁"的传人，也不必妄自菲薄。重新检视我们所学，仔细翻阅前人为有心者留下的笔记，便是我们独有的"资源"。

1.1.1.1 中国营造学社纪念馆收藏

　　首先，不妨先就案头的资料简单地拉一个清单：

　　（1）中国营造学社的图纸、测稿、照片、文稿；

　　（2）陈明达先生《应县木塔》中所公布的图纸、照片、实测数据；

（3）1990年，王贵祥先生率北京建筑工程学院团队在应县木塔所做的测绘图纸；

（4）2000年，山西省古建筑保护研究所对于应县木塔所做的测绘图纸；

（5）2011年，清华大学采集的应县木塔二层明层三维激光扫描数据；

（6）2015—2020年，应县木塔变形监测报告。

在此基础上，我们确实因独特的机缘而能够更近距离地接触一些珍贵的史料。

第一类史料，是20世纪30年代中国营造学社测绘木塔时的测稿。这套木塔测稿有59张之多，与另外5张应县净土寺大雄宝殿测稿共成一函；封面题注"佛光寺木塔""实测底稿59张"，存在第8张和第13张一号二张的情况，测稿上原始标注则为"57/57"。这批测稿曾在《梁思成全集（第十卷）》中得到公布；但若要探究测稿制作细节、标注细节等问题，出版物的公布精度显然有所欠缺。通过对原稿的初步观察，我们至少能够得知：

（1）测稿存在两种不同幅面。其中37张测稿，幅面较大，计宽25.4～26.0cm、高32.2～32.8cm，约折合10英寸×12.8英寸（1英寸=0.0254m），页边左侧4孔；另外22张测稿，幅面略小，计宽24.0～24.3cm、高18.0～18.4cm，约折合9.5英寸×7.2英寸，页边左侧3孔。

（2）就图纸内容而言，两种幅面各有侧重。例如：大幅面测稿中，第3幅《应县佛宫寺木塔第一层平面》右上角手书"22年9月20日"，第34幅《应县佛宫寺木塔碑文节录》等手书标注测绘时间"22-9-28"，第33幅《应县佛宫寺木塔各层栏杆平面》等印"　年　月　日测绘"字样，并多见铅笔手书填写具体日期；小幅面测稿中，第28幅《佛宫寺塔顶东西断面》等印"　年　月　日测绘"字样，并多见铅笔手书填写具体日期。兹将每张测稿相关信息整理，如表1-1所示。

表1-1　中国营造学社应县木塔测稿统计

序号	原编号	图名/内容	图幅	时间	备注
1	1/57	应县佛宫寺平面图	大	22年9，19，20日	未印"　年　月　日测绘"
2	2/57	应县佛宫寺木塔一层平面	大	22-9-20	未印"　年　月　日测绘"
3	3/57	应县佛宫寺木塔第一层平面	大	22年9月20日	未印"　年　月　日测绘"

序号	原编号	图名／内容	图幅	时间	备注
4	4/57	应县佛宫寺木塔 平面方向及高度	大	22-9-26	未印" 年 月 日测绘"
5	5/57	应县佛宫寺木塔第一层平面	大	22 年 9 月 19 日	未印" 年 月 日测绘"
6	6/57	应县佛宫寺木塔副阶平面	大	22-9-21	未印" 年 月 日测绘"
7	7/57	应县佛宫寺木塔 二层平坐平面	大	22-9-21	未印" 年 月 日测绘"
8	8/57	应县佛宫寺木塔二层平面	大	22-9-21	未印" 年 月 日测绘"
9	8 之 2 /57	应县佛宫寺木塔二层平面	大	22-9-21	未印" 年 月 日测绘"
10	9/57	应县佛宫寺木塔三层平坐	大	22-9-21	未印" 年 月 日测绘"
11	10/57	应县佛宫寺木塔三层平面	大	22-9-21	未印" 年 月 日测绘"
12	11/57	应县佛宫寺木塔 四层平坐平面	大	22-9-22	未印" 年 月 日测绘"
13	12/57	应县佛宫寺木塔四层平面	大	22-9-22	未印" 年 月 日测绘"
14	13 甲 /57	应县佛宫寺木塔 五层及平坐平面	大	22-9-22	未印" 年 月 日测绘"
15	13/57	应县佛宫寺木塔 标准梁架平面	大	22-9-27	未印" 年 月 日测绘"
16	14/57	应县佛宫寺木塔 下层及副阶断面	大	22-9-2□^①	未印" 年 月 日测绘"
17	15/57	应县佛宫寺木塔 二层并平坐断面	大	22-9-24	未印" 年 月 日测绘"
18	16/57	应县佛宫寺木塔 三层及平坐断面	大	22-9-24	未印" 年 月 日测绘"
19	17/57	应县佛宫寺木塔 四层并平坐断面	大	22-9-	未印" 年 月 日测绘"
20	18/57	应县佛宫寺木塔 顶层及平坐断面	大	22-9-25 至 26	未印" 年 月 日测绘"
21	19/57	应县佛宫寺木塔 顶内梁架南北断面	大	22-9-26	未印" 年 月 日测绘"
22	20/57	__② （应县佛宫寺木塔塔刹）	大	—	未印" 年 月 日测绘"
23	21/57	应县佛宫寺木塔 刹高度角度	大	22-9-27	未印" 年 月 日测绘"
24	22/57	副阶斗栱	大	22-9-23	未印" 年 月 日测绘"
25	23/57	第一层斗栱	大	22-9-24	未印" 年 月 日测绘"
26	24/57	应县佛宫寺木塔 三层内里斗栱详图	大	22-9-25	未印" 年 月 日测绘"
27	25/57	— （三层装修详图）	大	—	未印" 年 月 日测绘"

序号	原编号	图名/内容	图幅	时间	备注
28	26/57	应县佛宫寺木塔 扶梯详样	大	22-9-2□	印"　年　月　日测绘"
29	27/57	应县佛宫寺木塔 高度角度全寺方向	大	22-9-26	印"　年　月　日测绘"
30	28/57	佛宫寺塔顶东西断面	小	25年5月5日	印"　年　月　日测绘" "莫"③
31	29/57	佛宫寺木塔顶层	小	25年5月5日	印"　年　月　日测绘" "莫"
32	30/57	佛宫寺木塔顶层	小	25年5月5日	印"　年　月　日测绘" "莫"
33	31/57	应县木塔 （构造特征文字记录）	大	25年5月6日	印"　年　月　日测绘"
34	32/57	应县木塔 （构造特征文字记录）	大	—	印"　年　月　日测绘"
35	33/57	应县佛宫寺木塔 各层栏杆平面	大	25年5月6日	印"　年　月　日测绘"
36	34/57 原28	应县佛宫寺木塔碑文节录	大	22-9-28	未印"　年　月　日测绘"
37	35/57 原29	应县佛宫寺木塔 现状及损坏金查④	大	22-9-28	未印"　年　月　日测绘"
38	36/57	五层匾额	大	—	印"　年　月　日测绘"
39	37/57	应县佛宫寺木塔第五层匾	大	—	印"　年　月　日测绘"
40	38/57	第五层（匾额）	大	—	印"　年　月　日测绘"
41	39/57	应县木塔五层匾额	小	—	印"　年　月　日测绘"
42	40/57	第五层（匾额）	小	—	印"　年　月　日测绘"
43	41/57	三层南面正中匾字 大小比例忆写	小	25年5月12日	印"　年　月　日测绘"
44	42/57	应县木塔三层匾额	小	25年5月6日	印"　年　月　日测绘"
45	43/57	应县木塔二层匾额	小	25年5月6日	印"　年　月　日测绘"
46	44/57	应县木塔副阶匾额	小	25年5月8日	印"　年　月　日测绘"
47	45/57	二层匾额	小	—	印"　年　月　日测绘"
48	46/57	二层匾额	小	—	印"　年　月　日测绘"
49	47/57	二层匾额	小	—	印"　年　月　日测绘"
50	48/57	二层匾额	小	—	印"　年　月　日测绘"
51	49/57	木塔南月台东嵌石	小	—	印"　年　月　日测绘"
52	50/57	副阶碑	小	—	印"　年　月　日测绘"

序号	原编号	图名/内容	图幅	时间	备注
53	51/57	应县佛宫寺木塔四层外面囗	小	—	印"　年　月　日测绘"
54	52/57	应县佛宫寺木塔四层囗	小	—	印"　年　月　日测绘"
55	53/57	应县佛宫寺木塔四层内囗	小	—	印"　年　月　日测绘"
56	54/57	应县佛宫寺木塔 四层乳栿下面囗	小	—	印"　年　月　日测绘"
57	55/57	应县佛宫寺木塔四层内囗	小	—	印"　年　月　日测绘"
58	56/57	应县佛宫寺木塔四层囗	小	—	印"　年　月　日测绘"
59	57/57	应县佛宫寺木塔囗	小	—	印"　年　月　日测绘"

注：① 囗表示字迹难以辨认。

　　② 一表示原测稿没有此项。

　　③ "莫"即莫宗江。

　　④ "佥查"，原稿如此。

（3）通过上表的统计，我们还可以看出当时的测稿用纸是中国营造学社专门印制的。测稿规格三种：大幅，不印"　年　月　日测绘"字样，所见使用时间均为民国二十二年（1933年）；大幅，印"　年　月　日测绘"字样，所见使用时间均为民国二十五年（1936年）；小幅，印"　年　月　日测绘"字样，所见使用时间均为民国二十五年（1936年）。

另参见34/57、35/57二张测稿编号的涂改痕迹，被遮盖字迹分别为28和29，接续第一次测绘1～27的编号，且测稿用纸未印"　年　月　日测绘"字样。可以推断，1933年测绘仅使用大幅且未印"　年　月　日测绘"字样的测稿纸，是一次对于木塔整体尺度、各层基础木构及相关信息的全面测绘；而1936年补测则采用了两种规格的测稿纸，是针对顶层结构和各层匾额的后续工作。

第二类史料，便是当年中国营造学社两次测绘留下的217张照片。这批照片生动地记录了1933年和1936年木塔的样貌特征和保存状况。无论是对比两次拍摄的差异，还是对比今天和当年的差别，无疑都对木塔的研究和保护具有基础性意义。本研究报告中的2.2节将对此特别深入讨论。在此暂不予展开。

1.1.1.2 应县文物部门支持下的数据采样

落实到新数据上，本研究小组得到了应县文物部门的大力支持，为我们进行相对深入的采样式调研提供了保障，并获取了以下三类信息。

（1）三维激光扫描数据

早在2011年7月，清华大学建筑学院便在中国文物研究所和应县文物部门的支持下，针对木塔二层外檐铺作部分采集了三维激光扫描数据。采集设备为3D guru，采集数据16站；继而在后续的研究中完成了数据统计和分析 [1]。

2019年10月至2021年7月，在应县文物部门的支持下，清华大学建筑学院继续先后开展了针对本塔五层明层、三层和四层明层的外业扫描和内业点云处理工作。采集设备有二，分别为FARO S350和Z+F 5010C。

（2）倾斜摄影测量

2019年10月至2020年7月，在应县文物部门的支持下，故宫-清华CRAFT培训班针对难以实施直接扫描作业的木塔首层塔身部分的斗栱开展了倾斜摄影工作。

（3）彩塑、彩画微损采样工作

2019年10月至2020年7月，在应县文物部门的支持下，研究团队较全面地考察了佛宫寺释迦塔内部保存的塑像26尊，并着重针对四层主尊塑像隐蔽部位进行了微损取样，获得样本12件。

2019年10月至2020年7月，在应县文物部门的支持下，研究团队通览了木塔彩画的基本情况，并选择五层斗栱、五层内槽天花（向日葵纹、仙鹤纹）、一层南面内槽团窠龙纹天花进行了取样；并针对五层内槽向日葵纹天花7件样本、五层内槽仙鹤纹天花11件样本、一层南面内槽团窠龙纹天花19件样本进行了分析解读。

1.1.2 学科框架

1.1.2.1 建筑遗产保护学科框架

建筑遗产保护专业历经了从房屋修缮行业到古建筑修缮专业，再到结合可移动文物保护专业的复杂过程。故宫-清华联合研究团队认为，本专业的发展和健全有必要参考国际艺术品保护专业的学科框架，并解决保护对象尺度、功能、意

---

1. 该部分研究呈现在清华大学硕士论文有关章节：徐扬.《营造法式》刊行前北方七铺作实例几何设计探析[D].
北京：清华大学，2017.

义的复杂性所带来的问题。

谈到国际艺术品保护，需要做出简要的回顾。

在现代意义上的艺术品保护专业被认为建立在美国。1932—1942年，哈佛大学佛格艺术馆系列出版物*Technical Studies in the Field of the Fine Arts*成为"白领技师"变身行业主力的横幅标语。[1]随后，1934年英国伦敦考陶尔德艺术学院开展了专业培训项目，1936年奥地利维也纳造型艺术学院、1943年意大利罗马中央修复研究院、1948年比利时布鲁塞尔的皇家遗产艺术研究院相继为之，客观上确立了以艺术品保护为主体的遗产保护学科。尽管西方的界定与我国可移动、不可移动物质遗产的界定不同，但是建筑与艺术品之间的交集和差异阈无法确保保护学科的从属关系的成立。[2]

回到当年的哈佛佛格艺术馆，灵魂人物乔治·斯陶特提出了"三足凳"理论，不仅在很大程度上得到了西方艺术品保护领域的普遍认可[3]，而且与"学科盘"的基本组成相呼应。乔治·斯陶特所说的"三足"分别是：艺术技能（studio art）、艺术史（art history）和科学（the sciences）。[4]

然而，只有足的凳子是不完整的；将支撑构造联系在一起的是该学科的核心。正是出于上述考虑，美国特拉华州温特图尔博物馆的格里高利·兰德雷为凳子加了一个"座面"——文物保护准则和伦理（图1-1），并在CRAFT等场合将这一理论带到了中国。[5,6]这个座面的意义有着长久的基础，也确实凸显了学科

1. BEWER F G. A laboratory for art: Harvard's Fogg Museum and the emergence of conservation in America, 1900-1950[M]. Cumberland, R.I.: Yale University Press, 2010.

2. CHASE W T, STONER J H. FAIC oral history interview with George Leslie Stout, Richard Buck, and Katherine Gettens, September 4, 1975[A]. Housed at the Winterthur Museum Library, Winterthur, Delaware, USA.

3. STONER J H. Changing approaches in art conservation: 1925 to the Present[C]//Scientific examination of art: modern techniques in conservation and analysis. Washington DC: National Academy Press, 2005: 41-43.

4. BRÜCKLE I. A brief history of conservation training at the Fogg Art Museum/Straus Center for Conservation, Harvard University Art Museums[C]//Beyond the legacy: anniversary acquisitions for the Freer Gallery of Art and the Arthur M. Sackler Gallery, Seattle: University of Washington Press, 1999: 46-47.

5. LANDREY G J, AUFFRET S, LIDZ M. The Winterthur Museum and Gardens, From Inside to Outside: Interpretation and Conservation Challenges[C]//ICOM-DEMHIST and ICOM-CC Joint Conference. The Artifact, Its Context and Their Narrative. ICOM Committee for Conservation, ICOM International Committee for Historic House Museums (DEMHIST). [S.l.]2014.

6. LANDREY G J, BAUMEISTER M, HAYES T. Loss Compensation for Structural Elements in Wood, Decorative Materials, Painted/Lacquered Surfaces, Including Philosophical/Ethical Issues, Theory and Practice" [Z]. Course taught at the Conservation Resources for Architectural Interiors and Furniture Training Center (CRAFT) in the Palace Museum, Beijing, China. April 22-26, 2013.

存在的必要性，并能够切实保证上游学科和有效交叉。也正是从这个意义出发，国际遗产保护领域形成了多份行业准则文件——如欧洲的《欧洲保护/修复组织联盟职业准则》（包括绪论与定义、职业伦理、教育和培训三个方面主要内容）[1]和美国的《美国历史与艺术品保护学会伦理与实践导则》[2]；与此形成对照的，是《中国文物古迹保护准则》之类的从业行为约束文件虽然得到了国家文物管理部门的推荐，所憾并未得到所有施工、设计、管理等层面建筑遗产保护工作者的共同认可和严格遵守。

图1-1　格里高利·兰德雷的文物保护"三足凳"
图片来源：格里高利·兰德雷为CRAFT绘制。

在中国的语境下，中国的建筑遗产保护需要自己的"结构示意模型"。我们的推荐是东方的文化中更加优雅的比喻——"一尊三足鼎"：《中国文物古迹保护准则》特别为建筑遗产保护学奠定了学科基础，进一步将此准则和职业伦理的建设结合

图1-2　建筑遗产保护学学科框架模型

在一起可以确定本学科区别于其他学科的核心；同时，可以用三只鼎足取代凳子的支撑，构成对建筑遗产保护学科的总体框架的描述——鼎身就是建筑遗产保护准则与职业伦理，三只鼎足分别是建筑遗产社会人文学科组、建筑遗产医学学科组和传统与科学保护工艺学科组（图1-2）。

---

1. European Confederation of Conservator-Restorers' Organisations (ECCO). Professional Guidelines[S]. Brussels:ECCO, 2002-2004.
2. American Institute for Conservation of Historic and Artistic Works (AIC). CODE OF ETHICS AND GUIDELINES FOR PRACTICE[S], Washington: AIC. 1994.

1.1.2.2 鼎足之一：社会人文

第一只鼎足，是建筑遗产的社会人文内容，对应西方体系之艺术史领域。

人文历史——尤其是学术成果日益丰富的材料工艺史、创作设计史、文化线路等研究成果及其方向，无疑是解读遗产的内核任务，是全面深入认知遗产价值的工作，更是面向未来拓展遗产价值认识的基石；同时，对于遗产行业之内、之外各层面的人文学科需求而言，行业学科架构对外还应强调展示与公众教育，确立广义博物馆学，探讨传统与现实、保护与利用、遗产保护与文化旅游等问题，对内补充管理学内容，实现资源组织、项目组织水平的提升。这只鼎足的知识构成图谱可用下图进行描述（图1-3）。

1.1.2.3 鼎足之二：科学支撑

第二只鼎足，是建筑遗产医学部分，对应着西方体系之科学领域。

更准确的比拟是遗产基础医学理论，具体地由以下三个分支组成：一、结合史料、实物、效果之综合研究，是对遗产本体"肌体"、技能、机制的研究，可比拟成生理学；二、材料老化、构造劣化、结构变化，是对遗产本体变化及其原因的研究，可比拟成病理学；三、现代保护料、使用和装备综合研究，是对保护方法、技术、物料的研究，可比拟成药理学。这只鼎足的知识构成图谱可用下图进行描述（图1-4）。

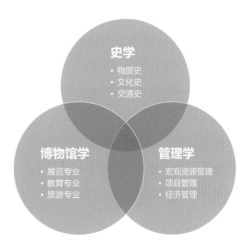

图1-3 建筑遗产保护学学科模型之实践性社会人文

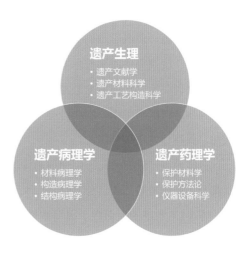

图1-4 建筑遗产保护学学科模型之建筑遗产医学

1.1.2.4 鼎足之三：保护技术与工艺

第三只鼎足，是传统与科学保护技术与工艺部分，对应西方体系之艺术技能范畴。

这项内容发生在保护现场，直接作用于保护对象，其水平直接决定保护效果。同时必须看到，面向未来的遗产保护科学，既需要立足于传统工艺，又不能排斥或忽视新科技手段、当代和现代保护技术。因此，这个范畴有必要强调实验室分析检测技术中的手工操作部分和以现当代勘察技术、手术技术、保养技术为代表的"治疗技术"。与传统工艺技术类似，这些技术同样依赖于实施者的手工技巧、对于仪器设备的熟悉和长期反复操作的熟练性。这只鼎足的知识和技能构成图谱可用下图进行描述（图1-5）。

图1-5 建筑遗产保护学学科模型之保护技艺

1.1.3 策略与分工
1.1.3.1 策略

对照上文提出的学科框架，本次实习主要聚焦于三足鼎整体结构之下的"遗产医学"内容，训练学员们了解文物"生理"、分析文物"病理"的能力，为文物"药理"解决提供前期技术支持。换言之，本次训练要点是遗产医学问题，同时仍须强调在所有环节紧密联系另外"两只鼎足"。在研究策略梳理当中，尤其应当强调遗产医学工作与实践社会人文学科之间的关系。时刻关注对遗产价值的认知、保持、发扬和利用。

具体而言，我们倾向于用通俗易懂的比喻进行展开，并沿着这个思路制定这次实习工作的策略，制订分工计划。关于总体策略的七条陈述如下：

陈述1：木塔的生命在于周身携带的已解读和待解读的遗产价值；

陈述2：作为一位年长的患者，因其身体特征，木塔生命的最大威胁来自于骨科疾病；

陈述3：未来木塔保护方案必须将因骨科手术而引发生命价值的损失降到最低；

陈述4：木塔生理研究必须深入展开，为病理考察——如骨科病理——提供对照参考体系，并提高病理评估精度；

陈述5：木塔生理研究必须全面展开，为综合保护方案提供生命价值赋存参考体系，为骨科手术明确方针、设定红线；

陈述6：木塔病理研究须在现有工作、现行行业装备基础上提出技术需求，涵盖各个"科室"需求，利用这个最富挑战的机会推动遗产医学实验技术的发展；

陈述7：正如1.1.2.3中所述，木塔药理研究范畴应包含现代保护料、使用和装备综合研究，其中木塔"病房、病床"的可行性及相关研究内容须予以正面关照。

1.1.3.2 分工

CRAFT实习团队共计14人，无论从人员配置、经验，还是从工作时间的角度考虑，均无法形成完整的木塔调查研究报告，将不可避免地采用采样式、局部突破式的工作方式。具体而言，此次实习实践工作，总体框架套用学员熟悉的"八股"分为三部分：第一部分，从史料补充现公布成果之不足；第二部分，通过观察与探究文物本体的各方面"生理现象"，解读原始工艺设计，并由所发现的重点问题引出对于"病理现象"的讨论；第三部分，呈现学生自己对于治疗前期工作和治疗工作的思考。相应地，对于各部分工作须组成专题小组，鼓励小组在专项问题上深入挖掘，同时鼓励组间配合，相互协作。各部分内容与小组分工情况如下。

第一组，史料组，面向第一部分工作。史料发掘是一切工作的基础。在如此紧张的时间安排下，若想要对史料有新的认识，就必须由全体学员协作参加，由张博宏执笔主持；同时得到课程旁听生郑虹玉同学的支持。

第二组，木结构组，面向第二部分工作之大木主体部分，直接关乎木塔安危问题，以木塔"骨科生理"为主要对象。成员有李泽辉、李大卫、戴璐、王东辉4人。在现场补充测绘阶段，须其他组协助完成。

第三组，造像组，面向第二部分工作之像设及其表面装饰部分，关乎木塔原有宗教意义之所在，以木塔"内科生理"为主要对象。成员有史孙明、高珊、赵峰。

第四组，彩画组，面向第二部分工作之木结构表面装饰部分，关乎木塔原有视觉效果，以木塔"皮肤生理"为主要对象。成员有王昂、谢嘉伟。

第五组，大棚组，面向第三部分之保护实施前期工作，关乎木塔减荷、避风、支撑和未来处理的场所计划，以木塔"病房和病床"为考虑方向。成员有朴世禺、文雯、赵亚男、张博宏。

1.2 人——学员与教员

1.2.1 主角——学员

1.2.1.1 戴璐

时而巍峨，时而玲珑，时而庄严，时而温柔。在朝霞中，在夕阳下，遥赞前人之神工，遥敬先人之博大。

戴璐 北京林业大学材料科学与技术学院副教授。博士毕业于北京交通大学结构工程专业，现阶段从事木结构材料与工程相关教学科研工作。研究兴趣聚焦于古建筑木结构基本力学性能、人致荷载作用下古建筑木结构动力性能，以及基于木材细、微观结构的腐朽对材料力学性能影响机制等方面。近年来主持或参加多个国家自然科学基金项目，发表SCI（科学引文索引）、EI（工程索引）检索论文十余篇。

1.2.1.2 高珊

时间中的木塔富于变化，立足现在，我们正逐步探索她和她的变化。千里之行，希望我们的每一小步都能为这座精神图腾的更久存续发挥作用。

高珊　　毕业于北京林业大学风景园林学专业，硕士，CRAFT第五届学员。现就职于文化和旅游部恭王府博物馆古建部，从事文物建筑、园林保护与研究、景观设计工作，参与恭王府及花园——水榭、棣华轩、妙香亭等文物建筑修缮工程，府邸西一区下架油饰保养工程，恭王府叠石、种植技法专题研究等，参与景观设计项目十余个。发表论文《当时间与空间相遇——北京三山五园地区发展历程回顾》，参编专著《今日宜逛园——图解皇家园林美学与生活》。

1.2.1.3 李大卫

木塔不仅仅是一座古建筑，更是一个"大文物"——其木构、塑像、彩画、匾额等都承载着自辽至今的岁月痕迹；这样的"大文物"，同样需要科学严谨的研究和富于匠人精神的保护。

李大卫　清华大学建筑学院建筑历史与理论专业博士研究生，主要从事中国古建筑大木作尺度及物质文化研究。参与撰写《山西古建筑地图（下）》一书，发表《高平董峰万寿宫山门斗栱营造解读》等数篇论文，其中《董峰万寿宫碑碣所示营造历程解读》在2020年清华大学"云上博论"博士生论坛作报告并获优秀论文荣誉。2018—2021年在CRAFT学习期间，参与完成故宫御花园石雕、营造学社藏方桌、条案等文物的调研工作，乐寿堂、翠赏楼等建筑构件的清洁工作以及竹香馆墙壁的修缮复原工作。

1.2.1.4 李泽辉

层层参圣像，铃舌聪聪非所求；步步上丹霄，神工毫厘是吾心。

李泽辉　出生于山西省晋中市，清华大学建筑历史与理论博士研究生，主要从事中国古代建筑历史与理论研究。曾就读于同济大学建筑系、荷兰代尔夫特理工大学建筑系，获建筑学硕士学位。2019—2021届CRAFT学员。曾发表《应县木塔平面丈尺假说：从1933年的旧照谈起》等数篇学术论文。

1.2.1.5 朴世禹

希望这部分关于木塔病房设计的粗浅构想能为木塔的治疗方案提供些许价值，愿木塔早日康复。

朴世禹　　建筑设计人员，文物建筑保护工作者。毕业于北京大学建筑学研究中心，现就职于故宫博物院古建部，从事故宫建筑的勘察测绘、保护设计及相关展览工作。主要研究兴趣为传统大木建筑的空间与结构设计，研究对象现主要集中于明清官式建筑。

著有《藏在木头里的智慧——中国传统建筑笔记》，在《乌有园》《装饰》《中国艺术》《城市空间设计》《北京青年周刊》等学术杂志、报刊上发表过多篇论文及文章，并在网络平台上常年进行建筑知识科普。

1.2.1.6 史孙明

木塔见证了历史，承载了历史，也在向我们讲述历史。我们受惠于木塔，也要回馈他，让他把故事继续讲下去。

史孙明　毕业于北京工业大学建筑工程学院土木工程专业，现就职于故宫博物院修缮技艺部修缮组，主要负责古建筑修缮的工程管理工作。曾参与故宫中正殿的修缮、古建筑岁修等工程。

于 2019—2021 年参加了 CRAFT。培训过程中参与完成了营造学社藏平头案的测绘、宝座的病害记录与清洁修复，故宫遂初堂隔扇及碧螺亭天花病害记录、故宫延趣楼栏杆清洁烫蜡等工作。

1.2.1.7 王昂

非常有幸能参与木塔保护项目,两年的学习时间让我结识了一群志同道合的小伙伴,与木塔的缘分看似结束,实则刚开始。不知不觉中,木塔已经成了生活的一部分。

王昂　毕业于北京建筑大学建筑学院,2016—2021年于中冶建筑研究总院国家工业建构筑物质量检验中心文史建筑部从事古建筑安全性评估工作。其间,参与并完成故宫乾隆花园掇山叠石安全性评估、山西飞云楼安全性监测、北京天安门地区金水桥安全性鉴定、佛光寺东大殿预防性保护等项目。

1.2.1.8 王东辉

四月，木塔上风好大，铁铃悠扬，我看着，一羽羽鸽子飞去又来。

王东辉 字琛之，号咸咸居主人，别属朴斋、清漪客、枕河而眠居者。美术学博士，文化和旅游部恭王府博物馆藏品研究部主任、副研究馆员，中国紫禁城学会会员。兼任中国博物馆协会展览交流专业委员会副主任委员，中国传媒大学公共艺术与设计研究中心副主任，中国文物学会文物修复专业委员会理事，北京市文物保护协会副秘书长，北京青年艺术发展促进会美术工作委员会主任，《中国书画》杂志社书画院书法创作委员会秘书长等职务。

1.2.1.9 文雯

感性的热爱是原动力，理性的研究是执行力。几代人数十年的努力换得多一秒的延续，木塔值得。

文雯

2021 年毕业于清华大学建筑学院建筑历史与文物建筑保护专业，获得工学硕士学位，CRAFT 第五届（2019—2021）学员，现为北京国文琰文化遗产保护中心有限公司设计师。

主要学术成果如下：

（1）文雯，烫样制作研究：以清华藏定东陵地宫烫样为例 [D]. 北京，清华大学，2021.

（2）文雯，刘畅，荷雅丽，等 . 从清华大学藏定东陵烫样看烫样的支撑结构设计 [J]. 故宫博物院院刊，2020(10):112-132+345.

（3）刘畅，文雯，荷雅丽，等 . 清华藏定东陵烫样基础信息实录 [J]. 建筑史，2020(1):49-81.

（4）刘畅，李越，刘仁皓，文雯 . 略论中国古代建筑设计媒介：从萃赏楼烫样残片谈起 [J]. 建筑史学刊，2020，1(1):20-30.

1.2.1.10 谢嘉伟

近塔仰视，赏古人之神工；登塔俯视，领先人之胸怀。

谢嘉伟　毕业于北京建筑大学，硕士，设计学专业，2018 年至今就职于故宫博物院古建部，专攻油饰彩画研究和保护。参与了养心殿研究性保护项目——油饰彩画研究与保护，乾隆花园油饰彩画修缮项目，苏州乳鱼亭彩画保护项目，故宫西六宫、奉先殿、雨花阁油饰彩画保养项目等。

1.2.1.11 张博宏

为拍摄中国营造学社同角度木塔照片，在五层外檐我躺在地上寻找角度，事后想到上一个躺在同一地方的可能是梁思成先生。一种古建人精神的传承感油然而生。望木塔早日得到保护与修复。

张博宏　毕业于北京建筑大学土木工程专业。自2017年起就职于故宫博物院修缮技艺部，从事古建筑保养、日常修缮与保护研究工作。目前主要研究方向为明清传统官式技艺。2019—2021年于CRAFT学习，学习期间参与中国营造学社纪念馆藏方桌测绘、漆盒科学性研究及宝座保护等工作。在木塔项目中参与并管理中国营造学社照片整理及拍摄工作。

1.2.1.12 赵峰

木塔与佛像互相赋予了生命，使得木塔之生命赓续千年而历久弥新。而木塔这样的"老者"，更需现代文物保护从业者们更为专业化的"治疗"，延续其生机与活力。

赵峰　西安建筑科技大学历史建筑保护工程专业本科在读，参与了第五届（2019—2021）CRAFT，其间，参与了故宫遂初堂隔扇及碧螺亭天花等病害记录、故宫延趣楼栏杆清洁烫蜡、清华大学中国营造学社纪念馆藏宝座保护等部分保护实践项目。

1.2.1.13 赵亚男

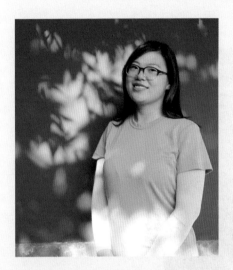

壮观与精巧在这一座木塔上体现得淋漓尽致，毫无违和感，绵延千年的
生命力使人感动与震撼。

赵亚男　中央民族大学文物与博物馆学专业硕士研究生，CRAFT（2019—2021）
第五届学员。现就职于故宫博物院，工程师。曾发表文章《北京故宫博
物院网络营销策略分析》《明清紫禁城火灾原因统计与分析》。在 CRAFT
学习期间，参与完成故宫博物院遂初堂隔扇及碧螺亭天花等病害记录，
清华大学中国营造学社纪念馆藏宝座、条桌等文物的调研保护工作。

1.2.1.14 郑虹玉

木塔"灿烂的闪烁"印在梁先生心中，印在我的脑海，也希望印在后人的眼中。

郑虹玉　清华大学建筑学院博士研究生，研究方向为建筑历史与理论、辽代砖塔形制研究。参与编写《隆盛庄建筑纪实——以点云数据记录名镇》《平顺天台庵弥陀殿修缮工程报告》等著作。发表《辽代典型密檐砖塔形制规律探析》等论文。

1.2.2 配角——教员

1.2.2.1 赵鹏

在木塔面前，坐一会儿，可以忘记时间。超越瞬时的艺术宝典，每一页都要书写好。

赵鹏 　华侨大学建筑学学士、工学硕士，正高级工程师，现任故宫博物院古建部副主任（主持工作）、中国紫禁城学会常务副会长、故宫研究院建筑遗产保护研究所长。担任天津大学、中央美术学院兼职硕士研究生导师。从事古建筑保护与研究工作以来，主持故宫养心殿研究性保护项目、乾隆花园、灵沼轩等重要工程设计几十项。2020年迄今，主持"十三五"国家重点研发计划"明清官式建筑营造技艺科学认知与本体保护关键技术研究与示范"项目。策划的"丹宸永固：紫禁城建成六百年"展览荣获2020年度全国博物馆十大陈列展览精品奖；作为项目负责人，与联合国教科文组织驻华代表处合作举办四届"中国建筑遗产价值评估培训班"，与世界建筑文物保护基金会（WMF）、清华大学合作举办六届"家具与内檐装修保护培训"。翻译《工程项目规划》《奥地利设计百年（1900—2005）》，主编"养心殿研究性保护丛书"和"中国古建筑测绘大系"《故宫》分册，参与编写专著《清代官式建筑营造技艺》，发表《价值与工具之间的转译——"保护管理规划"对中国建筑遗产保护工程的启示》等多篇学术论文。

1.2.2.2 刘畅

流疾寻复起，拾笔写匠明。恍梦归应县，高檐散繁星。
吹尘常古色，空坐偶虫声。有愧栽五柳，无心效嵇生。

刘畅 博士，副教授，清华大学建筑学院建筑历史与文物保护研究所所长，中国营造学社纪念馆馆长。2002—2005 年 12 月，清华大学建筑学院，讲师；2005 年 12 月至今，清华大学建筑学院，副教授；2012—2014 年，美国纽约哥伦比亚大学建筑、规划与保护研究生院，兼职副教授；并具有 1992—1998 年在故宫博物院古建部工作经验。

刘畅的主要著作包括《山西平遥镇国寺万佛殿天王殿精细测绘报告》等十余部，学术论文有《算法基因：高平资圣寺毗卢殿外檐铺作解读》等百余篇。

1.2.2.3 方国一

浮图入云霄，莲花开宇寰。守护宝塔，揭示文化，造福人民。

方国一　　大学文化，山西应县人，1982 年参加工作后，长期在县、乡参与文物保护一线工作。2016—2023 年，先后主持应县文物局和应县木塔管护中心工作。

主持并参与应县第三次不可移动文物普查、长城文物普查、第一次不可移动文物普查汇总总结工作，参与应县木塔倾斜变形监测、应县木塔维修论证、应县木塔可移动文物保护等专项工作。曾在 CCTV-1、CCTV-10、上海电视台等媒体对应县木塔进行专题讲解。

1.2.2.4 赵波

木塔保护虽困难重重，但也是我辈义不容辞的使命。

赵波 清华大学建筑学硕士，馆员，现任清华大学建筑学院建筑历史与文物保护研究所教学与项目助理，故宫-清华-WMF家具与内檐装修保护培训（CARFT）项目协调员，课程教师。主要从事中国建筑历史与文化遗产研究、保护、发展相关工作。

参与包括国家重点研发计划"应县木塔结构稳定性评估与保护研究项目"及"全国重点文物保护单位桌子山岩画群保护规划"在内的多项文物保护单位的研究、规划、勘察、保护项目；参与撰写《利用钴60CT成像技术重建木构文物的实验研究》《武当山金殿制造技术试析与相关分析技术探讨》等多篇学术论文；参与撰写著作《诗路遗珍：浙江诗路沿线文物资源调研报告》；著有科普读物《佛光寺东大殿》。

1.2.2.5 赵丛山

站在木塔下，才感受到古人智慧的伟大、前辈学者的艰辛以及自己的渺小。

赵丛山　北京建筑工程学院建筑系建筑学学士，清华大学建筑学院建筑历史与理论工程硕士。现为故宫博物院宫廷历史部副研究馆员，主要从事古代建筑内檐装修艺术及制作技艺、建筑室内陈设与家具、宫廷建筑原状历史展示与陈列等方面的研究工作。2007—2013 年，于故宫博物院古建部设计组参与神武门、建福宫、乾隆花园等古建筑保护项目修缮设计。2010—2017 年，参加 CRAFT 学习，后于培训班讲授"传统工艺材料之科学认知——木材"课程。2013—2020 年，在古建部乾隆花园项目组从事古建筑内檐装修和家具的研究与保护以及室内陈设原状复原工作，主持故宫围房复建项目。2013 年 10—12 月，赴美国纽约大都会博物馆做访问学者。曾发表《竹香·降香——宁寿宫花园竹香馆内檐装修罩的保护》《符望阁錾铜鎏金装饰内檐装修保护》《宁寿宫花园竹香馆室内原状复原研究》等文。

1.2.2.6 陈彤

哲匠留胜迹，我辈复登临。

陈彤　　毕业于清华大学建筑学院，故宫博物院古建部高级工程师，中国紫禁城学会会员。现从事乾隆花园内檐装修的保护研究，并致力于《营造法式》与唐宋建筑制度的深入解读。于清华大学《中国建筑史论汇刊》《建筑史学刊》发表《故宫本〈营造法式〉图样研究》系列、《佛光寺东大殿大木制度探微》等学术论文多篇，于中央美术学院《美术遗产》集刊发表《辽代建筑斗栱制度探微——以独乐寺山门、观音阁和应县木塔为例》。

很想让当年修建木塔的匠人们知道：我们今天仍然会频繁提起辽清宁二年（1056年）这个平淡无奇的年份，仅仅是因为这座塔。你们的工作，是那一年辽宋大地上发生的最重要的事。

刘梦雨　本科毕业于浙江大学建筑学系，后于清华大学建筑学院攻读建筑历史专业研究生，获博士学位。现就职于故宫博物院古建部，从事古建筑保护与研究相关工作。研究兴趣包括建筑和内檐装修表面装饰层的材料工艺问题、清代匠作则例及中国古代颜料史。2012—2022 年，在故宫 - 清华 -WMF 联合主办的 CRAFT 中承担"建筑彩画材料科学认知与显微分析"课程教学工作，先后担任助教、联合主讲教师和主讲教师。2013—2018 年，在清华大学建筑学院"文物建筑保护技术"课程中主讲彩绘层显微分析理论与实操部分内容。

1.2.2.8 刘仁皓

希望有更多的人愿意了解建筑遗产幕后研究和保护的故事。

刘仁皓　清华大学建筑学院建筑学学士、建筑历史专业硕士，伦敦大学学院文物保护原理专业硕士。现就职于故宫博物院古建部，主要从事古建筑内檐装修的保护、修复、展陈相关研究与工作。

2013—2015 年，参加第二届 CRAFT。自 2018 年起，担任 CRAFT "预防性保护""文物保护材料"等课程教师。

史料组

张博宏　王昂　李大卫　郑虹玉[1]

星光，

是一万光年外出发的信号。

匾额、碑刻还有涂鸦，

或者都是徒然的努力。

还有九十年前的照片，

原本的新奇变成了对照的底本。

读者，

请准备，

把抄书的墨水，

化作嘀嗒的数码，

发送给一万年后的我们。

---

1. 郑虹玉为旁听生。

2.1 现场史料的简要梳理

自20世纪30年代以来，现代建筑史学和文物保护学科对于应县木塔的研究逐步展开；关于木塔的史料整理也逐渐丰富——其中关乎文物本体营建历史的信息往往出自现场史料的发掘。在应县木塔保护研究所工作人员的支持下，在清华大学建筑学院中国营造学社纪念馆的帮助下，我们学习小组得以从现场碑刻题记、20世纪30年代老照片两个角度汇总材料（其中6副楹联与营造史联系较少，不录），期望能为当今木塔保护研究者提供一些参考。

2.1.1 木塔主体范围内的碑刻、匾额和题记

木塔及其院落中保存有数量巨大的碑刻、匾额和题记（图2-1）。各种类型的文字遗存与建筑和装饰实物一起相互印证，能够有力辅证建造、修缮、装饰的年代。以下整理参考了《三晋石刻大全》《应县木塔匾联碑刻集成》相关内容，并得到了当地学者的大力支持。在此专表谢忱。

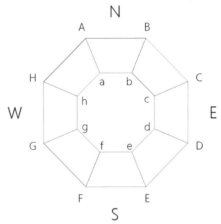

图2-1 木塔主体范围内碑刻、匾额和题记分布位置编号示意图

2.1.1.1 一层与副阶

应县木塔一层与副阶碑刻、牌匾等基本情况汇总如表2-1所示。

表2-1 应县木塔主体范围一层碑刻、牌匾等基本情况汇总

场所/统计	具体位置	内容	年代	作者	关键信息
碑碣3 明代	一层 外墙东南右	《李宪台邀登应州塔》	明万历辛丑年（1601年）	钦差督理通湾直□宣太税课太监□城苍严张烨	此碑碣为一首登塔抒情诗
	一层 外墙东南左	《登塔诗》	明正德十一年（1516年）	钦差镇守宣府登处御马监太监刘祥	此碑碣前有引文，后为登塔抒情诗

场所 / 统计	具体位置	内容	年代	作者	关键信息
碑碣 3 明代	一层 外墙正南	《释迦塔字跋》	明弘治三年 (1490 年)	应州知州薛敬之	此为薛敬之为应县木塔题字时所写跋语
碑刻 4 塔门两侧, 东侧 2 为清 同治五年; 西侧 2 为 清乾隆五 十二年	一层 正门东侧右	《重修佛宫寺碑记》	清同治五年 (1866 年)	—	此碑详细记录了此次重修工程的背景、过程以及主持和赞助者,并录各类工匠及其名字。 文中"乡耆孙廷弼",担任"久守口经",屡见于塔上梁下牌之"督工 孙廷弼"
	一层 正门东侧左	《流芳百世》碑	清同治五年 (1866 年)	—	此碑主要记录了清同治五年重修木塔善人的捐款详情
	一层 正门西侧左	《重修碑记》	清乾隆五十二年(1787 年)	—	此碑为纪念吴法恒于清乾隆五十一年(1786 年)修缮木塔后所立,并详细记录了"整理人""主持僧""香火善人""石匠""塑匠""木匠""泥匠""油匠"的名字
	一层 正门西侧右	《万善同归》碑	清乾隆五十二年(1787 年)	—	此碑主要记录了清乾隆五十二年(1787 年)重修木塔善人的捐款详情
副阶 牌匾 7	副阶 正南心间檐下	万古观瞻	清康熙六十一年(1722 年)	(推测)章弘	章弘于清康熙六十一年(1722 年)筹款并动员千人,大修木塔,历时五个月。题此匾,并撰《重修木塔碑记》嵌于二层塔基南月台前(现字迹已模糊不清),以及《修塔记事》匾悬于五层内槽西
	副阶 西南面南次间檐下	百尺莲开	清乾隆五十一年(1786 年)	吴法恒	—
	副阶 正北面心间檐下	永镇金城	清光绪三十一年(1905 年)	陆叙钊 (应州知州,当年调离)	—

场所 / 统计	具体位置	内容	年代	作者	关键信息
副阶牌匾7	一层 北门门楣	法海慧莲	清乾隆五十一年（1786 年）	吴法恒	—
	副阶 东南面南次间檐下	奎光普照	清乾隆五十一年（1786 年）	有资料显示此牌匾为吴法恒所立，直接证据今不存	—
	内槽南门西	彩画功德	清光绪三十四年（1908 年）	—	本城居士弟子数人愿施工财金妆鲜耀
	一层 上层檐南面檐下	天柱地轴	明万历年间	田蕙题、王有容立	—

2.1.1.2 二层

应县木塔主体范围二层碑刻、牌匾等基本情况汇总如表2-2所示。

表2-2 应县木塔主体范围二层碑刻、牌匾等基本情况汇总

场所 / 统计	具体位置	内容	年代	作者	关键信息
外檐牌匾4	二层外檐南	天宫高耸	清光绪十年（1884 年）	李恕	—
	二层外檐东	慈光远照	清康熙六十一年（1722 年）	—	油房行捐款共立
	二层外檐北	中立不倚	清雍正四年（1726 年）	应州知州萧纲	—
	二层外檐西	香云普注	清康熙六十一年（1722 年）	—	缸房行捐款共立
内廊牌匾5	二层内槽正北	《重修匾记》	民国十八年（1929 年）	应州知州薛恩荣	因民国十五年（1926 年）战乱，木塔塔顶遭炮轰。民国十八年（1929 年），当地绅商对木塔进行修缮
	二层内槽正南	古迹重新	清康熙六十一年（1722 年）	图勒孙	是年工程结束后，章弘邀请众人登高朝拜，留下诸多牌匾
	二层内槽东南	鹫岭无异	清同治五年（1866 年）	崔显岩	—
	二层内槽正东	大法力	清乾隆五十年（1785 年）	应州吏目加□黄应元	—

场所 / 统计	具体位置	内容	年代	作者	关键信息
内廊牌匾5	二层内槽东北	香风花雨	清同治五年（1866 年）	应郡崔家庄张曜子 八元敬献"油匠张晔"	匾中下款右侧有小字"油匠张晔"，推测该匾文即为张晔所写
梁下牌6	H-h 梁南侧梁	功德主，彩画明暗两檐	清同治五年（1866 年）	—	信士 田廷昭 陈大发 乔彬 杨玉珠 孙鍉长 彩画明暗两檐
	G-g 梁北侧梁	功德主，修理明暗两檐	清同治五年（1866 年）	—	白海 暨子 生莲
	F-f 梁东侧梁	重修二檐佛像坐下暗檐中椽损坏牌记	清光绪十三年（1887 年）	—	右侧：施财善士 苏步月 李怀春 张守廉 张斯钦 李皮铺 罗攀龙 乔善人 牛嗣麒；左侧：木匠 杨述祥 任连 铁匠 闫光德
	F-f 梁	贴金功德	清光绪二十年（1894 年）	浑郡信士弟子张绪等	重贴金神彩妆佛像一殿
	E-e 梁西侧梁	妆佛功德主	明正德十二年（1517 年）	—	列出功德主、本寺僧、施主、善女人以及木匠的姓名。该时期寺僧众多；木匠均为武姓
	E-e 梁下	妆修斯级佛像补塑菩提莲座焕然一新矣	清同治五年（1866 年）	—	"油画塑匠 高文金"。推测一层《重修佛宫寺碑记》中"画匠董全高□□"中高姓者为高文金
	D-d 梁北侧梁	功德主，修明暗两檐	清同治五年（1866 年）	—	信士乡饮耆宾 何瀚清 韩舟

2.1.1.3 三层

应县木塔主体范围三层碑刻、牌匾等基本情况汇总如表2-3所示。

表2-3 应县木塔主体范围三层碑刻、牌匾等基本情况汇总

场所 / 统计	具体位置	内容	年代	作者	关键信息
外檐牌匾5	三层外檐南	释迦塔	六次 金明昌五年（1194 年）至 明成化七年（1471 年）	［金］王瓛	—

场所/统计	具体位置	内容	年代	作者	关键信息
外檐牌匾 5	三层外檐东南	峻极于天	清宣统三年（1911 年）	应州知事任绪瀛	—
	三层外檐东	天华云锦	清康熙六十一年（1722 年）	—	当铺行立
	三层外檐北	灵山未散	民国十八年（1929 年）	应州知事薛恩荣	
	三层外檐西	花宫仙梵	清康熙六十一年（1722 年）	—	布铺行立
内廊牌匾 5	三层内槽正南	霄汉凭临	清雍正元年（1723 年）	督理山西粮驿使兼摄郡事楚□严昉	匾上共有三处印章，一处在上款右侧上方，两处在下款后。其中下款下第一章为"严昉之印"，另两章暂无法辨认
	三层内槽正东	荡胸云外	清雍正十三年（1735 年）	三晋巡使夏之芳	该匾上下款内容与其他匾相反
	三层外槽正东内侧	皈依佛	清康熙六十一年（1722 年）	监生□□□督工生员	—
	三层内槽正北	第一浮图	清康熙六十一年（1722 年）	都查院衙门参军加一级常安	—
	三层外槽正北内侧	仰之弥高	清康熙六十一年（1722 年）	应州捕厅大□毛□	此匾中有三处印章，一处在上款右侧上方，两处在下款左侧下方，但都难以辨认
梁下牌 5	B-b 梁西侧梁	功德主，彩画明暗两檐	清同治五年（1866 年）	—	此牌为郑氏家族共立：信士 郑考 暨侄 攀龙 泰龙 攀凤 攀仙彩画明暗两檐
	D-d 梁北侧梁	功德主，南河种村 信士杨作摄暨子正静 状观 孙战 存任彩画东面第二层明暗两檐	清同治五年（1866 年）	—	右中："整工 人本城孙廷弼。"左中："油画匠崔家庄张晫。"记录的修缮木塔东面第二层明暗两檐的彩画，但挂于三层；此牌为应县下辖乡南河种镇信士杨氏家族共立
	E-e 梁西侧梁	功德主，补修二层	明正德十二年（1517 年）	—	中：妆佛功德主 □□男 石守林 石守正 石守泰 石守安立；右下：

场所／统计	具体位置	内容	年代	作者	关键信息
梁下牌 5	E-e 梁西侧梁	功德主，补修二层	明正德十二年（1517年）	—	山西太原府太峪县曲河第二里人氏今见□；左下：应州通济坊寄籍人户 补修二层。 此牌与二层同一位置的梁下牌字样相近，且均有"石守正""石守林"字样； 功德主来自本地、晋阳、太峪县、大同等地，可见当时修缮规模之大
	F-f 梁东侧梁	字迹已不清	清同治五年（1866年）	—	孙廷弼为监工，张晖为画匠
	H-h 梁南侧梁	功德主，彩画明暗两檐	清同治五年（1866年）	—	信士 刘天官 王世月 刘玉和 刘月德 严□ 四□泉 杨大生 □炳 康禹福 孙永清 杨玉英 白文官； 此牌与 B-b 梁西侧梁下牌均为清同治五年（1866年）七月，字体与二层 D-d 北侧梁下牌和四层 H-h 梁南侧梁下牌一致

2.1.1.4 四层

应县木塔主体范围四层碑刻、牌匾等基本情况汇总如表2-4所示。

表2-4 应县木塔主体范围四层碑刻、牌匾等基本情况汇总

场所／统计	具体位置	内容	年代	作者	关键信息
外檐 牌匾 6	四层外檐南	天下奇观	明正德十三年（1518年）题；明万历四十一年（1613年）立	明武宗朱厚照题；山西左布政使郭显忠立	—
		金城	—	—	—
		雁塔	—	—	—

场所／统计	具体位置	内容	年代	作者	关键信息
外檐牌匾6	四层外檐东南	壮观	清光绪四年（1878 年）	大同口泉常礼立	—
	四层外檐东	万象逢春	清康熙六十一年（1722 年）	—	应州杂行碾房行同立
	四层外檐西	重新真会	清乾隆五十一年（1786 年）	杨乘运立	—
内廊牌匾8	四层内槽正南铺作上	奎曜曾辉	清光绪十六年（1890 年）	李恕书 张斯钰立	用黑色和红色两种颜色书写
	四层内槽正南普拍枋上	洗涤尘心	清康熙六十一年（1722 年）	赐进士出身 分守雁平道加三级孙赞	原匾字迹不清晰
	第四层外槽正南内侧	记事匾	—	—	字迹多已不清，难以辨认
	第四层内槽正东	突兀碧空	清康熙六十一年（1722 年）	河南汝州知州加二级宛平章世麟、兵部候推掌印都宛平章世鹏同立	原匾字迹不清晰。匾中无上下款可能与一层的"万古观瞻"相同，因章弘的政治问题，其后人的名字也被抹掉
	第四层内槽东北	庄严法相	清康熙六十一年（1722 年）	督工里民高紫绶 严崇章 张敏业	该匾是众匾中少有的以督工之名所立的匾
	第四层内槽正北	高出云表	（推测）清康熙六十一年（1722 年）	—	资料显示该匾为宛平章世麟立
	第四层内槽正西	文笔参天	（推测）清康熙六十一年（1722 年）	—	据其他资料推测，该匾为清康熙六十一年（1722 年）由候选知州宛平章世鹤、章世凤所立
	第四层内槽西南面	留白云	清康熙六十一年（1722 年）	督工里民 徐仗林 张典 曹进财 刘汝瑞 胡正宁	较罕见，以督工之名立匾
梁下牌4	B-b 梁西侧梁	功德主，彩画明暗两檐	清同治五年（1866 年）	—	国学生 □珏率 子考文
	D-d 梁北侧梁	功德主，彩画正东第三层明暗两檐	清同治五年（1866 年）	—	中间：本城信士 孙瑞 马涌 柴安 唐大本 苏侃 王哲 高瑞 彩画正东第三层明暗两檐；右中下：督工人本城孙廷弼；

场所/统计	具体位置	内容	年代	作者	关键信息
梁下牌 4	D-d 梁北侧梁	功德主，彩画 正东第三层明 暗两檐	清同治五年 （1866 年）	—	左中下：油画匠崔庄村 张晫。 工程正东三层
	F-f 梁东侧梁	功德主，妆修 诸佛法像、补 塑金身莲座	清同治五年 （1866 年）	—	系本城信士乡饮耆宾刘 恺 悌 暨 子□ 文沛 光甫 湛然 子周 文 澄 率孙 锦 鉴 锱 敬施；右侧中：督工人 本城孙廷弼；左侧中： 塑画匠崔家庄张晫。 与三层其他三处牌应同 时，而制作规格更高、 书写更规范
	H-h 梁南侧梁	功德主，彩画 两檐	清同治五年 （1866 年）	—	乡饮耆宾□□□彩画两 檐。右中：督工本城人 孙廷弼；左：画匠崔家 庄张晫。 字与四层 B-b 梁西侧梁 相近，与三层和 B-b 梁 西侧梁、H-h 梁南侧梁 同

2.1.1.5 五层

应县木塔主体范围五层碑刻、牌匾等基本情况汇总如表2-5所示。

表2-5 应县木塔主体范围五层碑刻、牌匾等基本情况汇总

场所/统计	具体位置	内容	年代	作者	关键信息
外檐 牌匾 3	五层外檐 南	峻极神工	明永乐二十一年 （1423 年）书； 明万历四十一年 （1613 年）重妆	明成祖朱棣	—
	五层外檐 东	玩海	明弘治三年 （1490 年）	应州知州关西 薛敬之	—
	五层外檐 北	拱辰	明弘治三年 （1490 年）	应州知州关西 薛敬之	—

场所 / 统计	具体位置	内容	年代	作者	关键信息
	第五层内槽正西	《修塔记事》	清康熙六十一年（1722年）	应州牧宛平章弘	该匾主要记录章弘主持木塔修缮过程中所遇到的奇事，从匾中内容可推算此次重修宝塔历时半年，工程浩大。此外章弘在匾文中写到木塔为"六层"
	第五层内槽正南斗栱上	望嵩	明弘治三年（1490年）	应州知州关西薛敬之	无款
	第五层内槽正南	《修塔记事》	民国十七年（1928年）	张世荣	该匾主要记录民国十七年（1928年）修缮木塔的背景，此次修缮历时两月有余。匾后为施财善士的名字，其中有"山东店""大库伦施财善士"字样，说明该次修缮规模大，影响范围广；内容与二层内槽正北《重修匾记》同，立匾时间和立匾人不同
内廊牌匾9	第五层外檐内侧正南	木德参天	清乾隆三十一年（1766年）	进士……蜀梁山刘仕伟	匾中右侧为"木德参天"四个大字，左侧为小字跋文
	第五层内槽东南	毘盧真境	清嘉庆十八年（1813年）	太古县弟子成顺二男 显恭孙承谦 光叩	该匾字样为"太古县"，实际应为"太谷县"善士。从现有整理的匾文中多次发现有太谷县善人的捐款，推测应州和太谷两地在清代中后期互动较为频繁
	第五层内槽正东	上接雲天	清康熙六十一年（1722年）	满洲正白旗世袭拜捷拉布勒哈番 中宪大夫兼前锋参领 第七十一令弟军功候选笔贴式 文林郎罕班	—
	第五层内槽东北	近日低雲	清康熙六十一年（1722年）	督工里民 马良张伦 李守桐赵迁善	较罕见，以督工之名立匾
	第五层内槽正北	慈雲普济	清康熙六十一年（1722年）	署理山西巡抚印务 内阁学士兼礼部侍郎加二级德音	—

场所/统计	具体位置	内容	年代	作者	关键信息
内廊牌匾 9	第五层内槽西北	在半天	清康熙六十一年（1722 年）	督工里民 孙廷弼 张祯 □□林 石成□	较罕见，以督工之名立匾
梁下牌 5	B-b 梁西侧梁	功德主，彩画明暗两篇	清同治五年（1866 年）		信士乡饮耆宾刘中和暨子杰 孙 世祥彩画明暗两篇
	D-d 梁北侧梁	功德主，彩画东面第四层明暗两篇	清同治五年（1866 年）	—	本郡信士 马天元 严印康万福 王承□ 李钧 山□南赵连城 彩画东面第四层明暗两篇；右中下：督工人本城孙廷弼；左中下：油画匠崔家庄张晫 该牌与四层 D-d 梁北侧梁字体相近
	F-f 梁	功德主，补塑金身	清同治五年（1866 年）	—	郡人魏安暨子廷辅补塑金身；塑工本城人孙廷弼；画工崔庄人张晫
	F-f 梁东侧梁	敬修人	清道光二十四年（1844 年）	—	奉直大夫 知应州事□洲正黄旗人文润 敬修；字体黑红两色
	H-h 梁南侧梁	功德主，彩画明暗二篇	清同治五年（1866 年）	—	中上：彩画明暗二篇；右中：恩赐乡饮耆宾杀虎口信士李体仁率 男英俊；左中：前任江南常州大粮台 委员分缺先用巡政厅杀虎口信士张任霄率 男镳镛鉴鐻叩立；右下：督工人孙廷弼 画匠张晫。与 F-f 梁下牌为同人所写，也与下层 H-h 梁南侧梁下牌相同

2.1.2 佛宫寺院落内

应县木塔院落范围碑刻、牌匾等基本情况汇总如表2-6所示。

表2-6 应县木塔院落范围碑刻、牌匾等基本情况汇总

场所/统计	具体位置	内容	年代	作者	关键信息
牌楼匾额 1	寺院正南牌楼上	正面：浮图宝刹背面：千仞玲珑	清康熙六年（1667 年）	应州知州傅登荣	—

场所/统计	具体位置	内容	年代	作者	关键信息
八角幢 5	院东左一	应州録事司刘公墓志铭	金泰和三年（1203年）	应州颖川□□	—
	院东左二	—	元大德八年（1304年）	—	僧人募捐并主持修补木塔及院内工程，录善人信士及僧人名字，中有"皇太后""帝师"字样
	院东左三	宫□公大师塔□	—	—	其余无可辨识字迹
	院东左四	无垢净光大陀罗尼经	—	□生□门 □□□门 人……	—
	院东左五	佛顶尊胜陀罗尼幢记	存"金皇统八年（1148年）"	—	"……全上下层级□□补修重重……"
石刻 2	二层台基南立面西	重修释迦塔寺记	康熙六十一年（1722年）	章弘	"……宝宫六层瓦甃木植悉为补修丹艧上下佛像重加妆点各天门捐置佛灯六十盏……"
	二层台基南立面东	—	康熙六十一年（1722年）	—	—
塔幢 1	后殿前	—	—	—	草书，字迹难辨

2.2 营造学社旧影

除文字史料之外，我们手头掌握的一份特殊史料便是当年梁思成、莫宗江等人拍摄的历史照片。跨越了近90年的变迁，配合当时的文字记录、测稿和完成图，这组照片的历史价值和史料价值无论如何评价都不为过。

"由怀仁县或山阴县向应县行，在桑干河平原上，距应三四十公里，即可遥见木塔。我们所得塔第一个印象，是在一个九月中旬的下午；先在二十余里外，隐约见塔屹立。到夕阳时，距城约十二三里，塔身反映成金黄色，衬着深紫的远山，灿烂闪烁着。暮色苍茫时，距城五六里，已不见远山，而木塔伟大的轮廓由四面平凡的低矮中突兀耸立，塔顶放出微光一点；我们到城下时，塔影便消失在迎面城墙黑影的背后。翌晨，在光耀的晨光里，天是蓝得一片云都没有，由庭院中可以望见屹立的塔身上段。塔身的木构架，油饰全脱落，显出纯润的古檀香色；构架间的灰墙反映着带红色的晨曦；而塔顶上的铁刹，更不住地闪烁，庄严美丽，无与伦比。"[1]

这段文字记录了营造学社梁思成等人第一次到达应县时的情景。

从《中国营造学社学术活动年表考略》[2]中可以得知，营造学社梁思成、刘敦桢、莫宗江于1933年9月（民国二十二年）对应县木塔进行了第一次考察。刘敦桢在参观后先行返回北平，梁思成与莫宗江对木塔进行了为期一周的详细测绘。在测绘的同时，营造学社拍摄了大量木塔照片，照片大部分保存在清华大学。照片内容涵盖构件、佛塑、壁画、外景等，是木塔最早的影像记录，具有极高的历史价值。本项目主要分为两方面：一是重新发掘老照片历史信息，对老照片进行分类整理，分析营造学社木塔研究思路；二是通过老照片找到拍摄主体，重新拍摄，对比新老照片，这些照片将为保护工作提供基础的信息支持。

2.2.1 照片编号与整理

清华大学建筑学院中国营造学社纪念馆目前收藏20世纪30年代营造学社木塔照片共计217张，现有照片得到了系统命名，命名格式为：18X（1-5）-Yh-I-（a-j）-编号-木塔层数及构件类型，如"183-Yh-I-a-112-应县佛宫寺木塔第四层转角铺作侧面"——其中"1-5"为文件夹编号，照片分别收录于"181-Yh-I-a-应县佛宫寺木塔1"至"185-Yh-I-应县佛宫寺木塔5"五个子目录之下；"a-j"为拍摄对象的建筑名称，分别为a-木塔主体，b-木塔牌楼，c-木塔山门，d-木塔鼓楼，e-木塔东配殿，f-木塔西配殿，g-大雄宝殿前桥，h-大雄宝殿前牌楼，j-大雄宝殿及配殿。

1. 梁思成. 山西应县佛宫寺辽释迦木塔［M］//梁思成. 梁思成全集：第十卷. 北京：中国建筑工业出版社，2007：6-118.
2. 卢倩，刘梦雨. 中国营造学社学术活动年表考略［J］. 中国建筑史论汇刊，2019（2）：231-268.

考虑到应县拼音为Yh，系使用"威妥玛式拼音"（Wade-Giles spelling system），为中国晚清至1958年汉语拼音方案公布前，中国和国际上流行的中文拼音方案。大致可以判定，这个编号系统为梁思成先生在世时所成，在很大程度上能够反映20世纪30年代现场实测者对于照片的记忆和理解。

此外，其中照片编号有缺失的现象。以木塔主体编号为例，目前最小编号为"181-Yh-I-a-002-应县佛宫寺木塔南面外观及山门正面"，最大编号为"184-Yh-I-a-211-应县佛宫寺木塔副阶内西面碑记"。按照编号来说，营造学社对木塔主体至少拍摄了211张照片。目前照片缺少181-001、003、008、010、013，184-200、203号。从编号得知，除200～203号为五层照片外，其余均为木塔一层或主体台基照片。与大量现存照片角落处的"水残重印"小章联系在一起推测，这种现象或许是原始底片损毁、无法后续冲印所致。

编目者对于照片信息的整理情况简要统计如表2-7所示。

表2-7　中国营造学社应县木塔老照片收藏与编号情况

子目录	照片内容	照片数量	信息著录准确性
181-Yh-I-a-应县佛宫寺木塔1	木塔全景或大部外观	7	基本准确
	木塔台基	10	基本准确
	木塔副阶	原编号13，实际16	部分讹误
	木塔一层	8	基本准确
182-Yh-I-a-应县佛宫寺木塔2	木塔一层（内部）	7	基本准确
	木塔二层平坐	原编号1，实际6	讹误较多
	木塔二层	原编号25，实际39	讹误较多
	木塔三层平坐	原编号10，实际9	1张有误
	木塔三层	原编号14，实际16	部分讹误
183-Yh-I-应县佛宫寺木塔3	木塔四层平坐	原编号16，实际9	讹误较多
	木塔四层	原编号27，实际15	讹误较多
184-Yh-I-应县佛宫寺木塔4	木塔五层平坐	原编号7，实际12	讹误较多
	木塔五层	38	基本准确
	木塔塔刹	2	基本准确
	木塔副阶内碑记	6	基本准确
185-Yh-I-应县佛宫寺木塔5	牌楼、山门、鼓楼、东西配殿、大雄宝殿、经幢等	26	基本准确

现有照片编号虽然存在不确之处，但仍然极大地节省了后续照片整理工作的难度。根据编号所提供的楼层，我们对照片楼层分布进行统计。对比统计后发现，各层平坐和内槽讹误略多，明层照片拍摄记录基本准确。由于木塔二层平坐在天花之内光线环境较暗，拍摄难度较大，所以照片数量也是最少的。

2.2.2 拍摄情况管窥

为方便接下来的对照拍摄，我们先对现有照片进行了整理分类，以期望更多地了解当年拍摄时间、所使用的摄影设备情况、拍摄角度等问题。

首先，我们注意到照片存在长方形与正方形两种画幅，且部分照片存在拍摄主体相同但画幅不同的情况。基础的判断是20世纪30年代的测绘使用过不同款的底片和相机。进而，通过结合其他历史记载来辨认照片细节，我们更倾向于认为1933年的第一次拍摄并未使用正方形画幅相机，而1936年的第二次拍摄很可能综合使用了两款相机。

清华大学建筑学院中国营造学社纪念馆藏有营造学社应县木塔测绘稿57张，一些稿纸明确记录了测绘时间，分别为民国二十二年（1933年）九月和民国二十五年（1936年）五月。莫宗江先生更是在《雁北文物勘察团报告》[1]中记载："一九三四年[2]中国营造学社初次测绘时，塔身上部的四层只有东南西北四个正方向的当中一间，安装隔扇门，其余的各间都是夹泥墙。一九三五年曾经地方上加以修理，将各间的夹泥墙统统拆改为隔扇门。"结合测稿日期与照片，可以发现清华馆藏照片包含两次测绘拍摄的照片。这个线索可以作为我们辨认照片拍摄情况的有力证据；辅助以张贴物、人物像等其他细节，还可以拓展我们的猜想。

如图2-2～图2-5所示，通过将同一主体不同画幅的照片进行对比，参考从泥墙到隔扇以及柱子和大门上字报的样貌与数量，我们大致发现正方形画幅照片中可以准确判定者均出于1936年的拍摄工作，且尚未肯定找到长方形画幅照片对1936年现状的表现。

---

1. 裴文中. 雁北文物勘察团报告［M］. 北京：中央人民政府文化部文物局，1951.
2. 测稿上所注年代为"民国22年"，即1933年。此文为莫先生于20世纪50年代所写，所述"一九三四年"疑似有误。

图2-2 不同图幅应县木塔主体照片对比

左侧：长方形画幅中木塔墙体为泥墙；右侧：正方形图幅中木塔主体已换成隔扇。

图2-3 不同图幅应县木塔五层楼梯照片对比

左侧：长方形画幅中楼梯边墙壁为泥墙；右侧：正方形图幅中木塔墙壁已换成隔扇。

图2-4　不同图幅应县木塔副阶内碑记照片对比

左侧：柱子上字报清晰可见；右侧：字报已经模糊。

图2-5　正方形图幅应县木塔塔门处照片对比

左、右：左门扇上字报清晰可见，样貌基本一致。

　　至于1936年测绘使用了两款以上相机的猜测，则主要依据图2-6中莫宗江先生手持照相机的照片——虽然尚难以断言相机款式[1]。可以辅证上文推论的当然还有大门左侧门扇上清晰的各款张贴物的痕迹。

---

1. 与此相关，我们可以找到其他记载，辅助追溯当年中国营造学社野外摄影工作器材的情况。例如，1934年的夏天，梁思成和林徽因接受了美国学者费正清、费慰梅夫妇的邀请，来到山西避暑。两人行至汾阳县小相村灵岩寺时，梁思成用随身携带的徕卡相机抓拍下了林徽因仰头与铁佛对视的动人瞬间等。

图2-6　莫宗江先生手持
照相机和三脚架的照片

进而，简单根据画幅判断具体照片的拍摄年代依然有欠严谨。大部分测绘工作的拍摄主体为局部构件或构件组，并不包含清晰的短期历史变化信息，很难分辨拍摄时间。在结合当年照片开展研究工作的时候，我们还可以参考测稿上面的文字说明。最直接的证据是莫宗江在1936年的测稿中的记录[1]（图2-7）：

"暗层华栱下之小柱每层之分别与承橑枋之关系。"
"抹角梁。见相片。"
"壹层憩脚台下结构，见像片。"
"每层楼梯见像片。"

简言之，20世纪30年代的正方形画幅和长方形画幅的照片分别接近120胶卷和135胶卷的比例；从照片中对象透视关系与取景范围来看，也可能存在中画

---

1. 测稿编号32/57，为57张测稿中第32张，成于1936年。稿纸左侧3孔，与1933年所用左侧4孔测稿纸有异，可资区别。

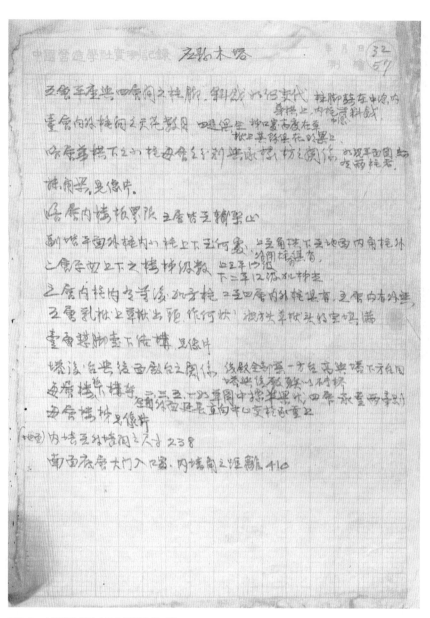

图2-7 中国营造学社应县木塔测稿第32张

幅、大画幅并用的情况。对于具体照片相机、胶片和镜头的选用情况，超出现阶段笔者的能力范畴，还需要未来针对个案进行更加详尽的研究。

综合分析现存影像资料，我们初步判断，两次拍摄分布比例基本接近，1936年的照片是对1933年照片的补全。

2.2.3 照片信息识别

现有历史照片的编号系统虽然说明了拍摄场所，但并未标注拍摄对象在建筑中的具体位置。能否准确找出当年的拍摄主体，关乎历史信息的挖掘，更关乎对照20世纪90年代以来同位置影像对比基础上的木塔本体变化研究，是一个必须解决的问题。

细究之，现存历史照片中的拍摄对象信息大致可以归纳为以下三种：

一、可以通过楼梯、佛塑等特征点准确判断位置者；

二、可以借助照片上构件特征、破坏现象等有限的历史信息与现场一一比对，比较准确地确定拍摄对象者；

三、历史信息缺失，尚无法判断拍摄对象者。

2.2.3.1 已确定之拍摄对象举例

历史照片中部分照片以佛塑、楼梯、题记、碑文为主体。此类照片位置信息明确，通过照片编号即可找到。此类照片一般为中场景，自身携带环境信息尤其丰富（图2-8、图2-9）。

图2-8　木塔第五层梯口

左：1936年拍摄之184-Yh-I-a-193；右：2020年11月拍摄。

图2-9　木塔第四层当中佛像

左：1936年拍摄之183-Yh-I-a-153；右：2020年11月拍摄。

2.2.3.2 基本确定之拍摄对象举例

　　虽然20世纪30年代的照片至今又经过了近90年的变化，但所幸其构件细节——特别是一些破坏细节——仍然能够作为很好的线索，帮助我们找到拍摄对象的具体位置。而部分平坐内照片的特征则很不明显，暂不具备示踪的可能。

　　现阶段能够基本确定者，如旧照183-Yh-I-a-138-应县佛宫寺木塔第四层补间铺作后尾（图2-10）。仔细辨认照片中一跳华栱、翼形栱、二跳华栱、散斗上的裂缝将其作为参照物，可以在四层的八朵外槽当心间补间铺作中找到当年的拍摄对象（图2-11）。

2.2.3.3 阶段性成果

　　目前，实习团队尚未完成所有中国营造学社老照片的识别和定位工作。谨以现有的木塔四层调查结果为例总结汇报阶段性成果以及所采用的基本方法，分别如图2-12、图2-13所示。

2.2.4 对照重摄的尝试

　　讨论老照片的拍摄情况、辨识拍摄对象的目的不仅在于对于历史的尊重，更在于重复记录该对象的影像资料，形成历时的积累，为木塔保存状况的变化

图2-10　木塔第四层外槽当心间补间铺作后尾

左：20世纪30年代拍摄之183-Yh-I-a-138；右：2021年4月拍摄。

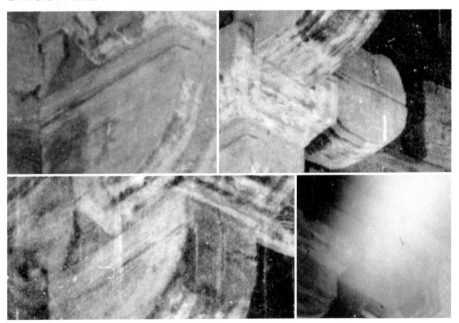

图2-11　木塔第四层外槽当心间补间铺作后尾旧照细节

自左至右：头跳华栱裂缝、翼形栱裂缝、二跳华栱裂缝、散斗裂缝。

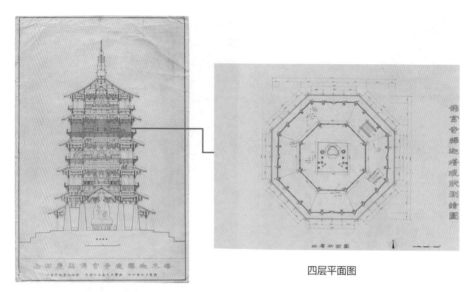

四层平面图

图2-12　木塔剖面图对应木塔第四层平面位置示意图

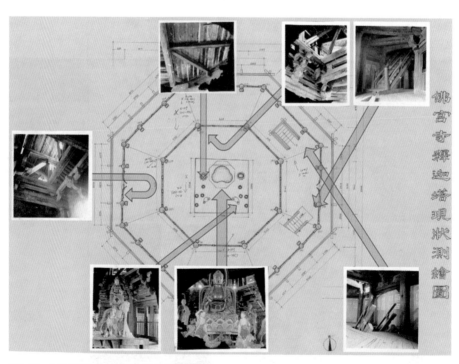

图2-13　木塔四层部分照片拍摄对象与分布示意图

提供参照系。深入、严格的前期工作可以为今天和未来取得高度还原的新影像提供依据。

为未来精细化高还原度工作做准备，我们实习小组在尚不具备经费、器材和工作时间的条件下，以捕捉历史信息为主要目的，开展了一些探索和记录工作。本次使用相机为全画幅Canon 5D Mark3+EF24-70 F2.8和SONY A7M2+FE28-70 F3.5-5.6。

兹不揣冒昧，整理代表性素材如下，并期待下一步高水平工作的正式启动（图2-14～图2-16）。

图2-14　木塔西南侧

左：20世纪30年代所摄照片；中：2021年所摄照片；左、中：木塔外环境与木塔上匾额发生了变化；右：重叠照片，黑白处为已经缺失的匾额。

图2-15　木塔二层内槽转角铺作

左：20世纪30年代所摄照片；中：2021年所摄照片；左、中：构件破坏情况加剧；右：重叠照片，彩色部分为破坏加剧部位。

图2-16 木塔四层佛像

左：20世纪30年代所摄照片；中：2021年所摄照片；左、中：照片对比；右：重叠照片，黑白处反映佛像背光缺失，彩绘脱落，侍从丢失。

参考文献

[1] 马良. 三晋石刻大全：朔州市应县卷［M］. 太原：三晋出版社，2021.

[2] 杜福. 应县木塔匾联碑刻集成［M］. 太原：山西教育出版社，1995.

[3] 伊东忠太. 北清建筑调查报告［J］. 建筑杂志，1902，189（9）：253-284.

[4] 梁思成. 山西应县佛宫寺辽释迦木塔［M］//梁思成. 梁思成全集：第十卷. 北京：中国建筑工业
    出版社，2007：6-118.

[5] 裴文中. 雁北文物勘察团报告［M］. 北京：中央人民政府文化部文物局，1951.

[6] 陈明达. 应县木塔[M].北京：文物出版社，1966.

[7] 卢倩，刘梦雨. 中国营造学社学术活动年表考略［J］.中国建筑史论汇刊，2019(2)：231-268.

3

木结构组

李泽辉　李大卫　戴璐　王东辉

一镇小群山，八荒信孤烟。

啸鸣吟风起，斧锯量天巅。

举手惊寒索，扪胸叹故贤。

归阶拂尘处，极目星瀚繁。

3.1 关于方法论的反思

3.1.1 一段简要的梳理

建筑史学者关于木塔的研究不到百年。1902年，日本学者伊东忠太游毕云冈后来到应州，对于应县木塔进行了考察和记录[1]。伊东忠太对于木塔的赞誉引起了关野贞等日本学者及中国营造学社的重视。梁思成、莫宗江先生一行人于1933年、1935年先后两次来到应县木塔进行测绘，留下大量的测稿、照片，及《山西应县佛宫寺辽释迦木塔》[2]一文，文中使用《营造法式》[3]术语对于木塔斗栱结构进行了解读。此后，陈明达先生的《应县木塔》[4]一书，从解释木塔设计思路的角度入手，推测木塔尺度所依之材分及平面立面的比例关系，试图解答"木塔何以建造"的问题。

近百年也是木塔结构变动以至于"伤筋动骨"的时间。民国十五年（1926年）国民军与晋军激战，木塔中弹二百余发；民国三十七年（1948年），解放军攻城，木塔再次中弹。而其中对木塔结构削弱最甚之举，当属1934年前后[5]对于木塔各层土坯墙拆改为隔扇门。拆改的结果也在梁先生的预料之中——罹难的木塔在接下来数十年间出现了塔身的倾斜。

时至今日，木塔的结构性问题被提上日程。为了让木塔保持屹立或缓解倾颓，近50年来有过多次加固修缮的工程，更多的是再三审视、不断修正的提案。近50年也是技术日新月异的时代：高精度的测绘仪器、摄影测量技术和三维激光扫描技术让我们可以更加真实地记录木塔的现状，碳14测年法使我们对

---

1. 伊东忠太. 北清建筑调查报告［J］. 建筑杂志，1902，189（9）：253-284.
2. 梁思成. 山西应县佛宫寺辽释迦木塔［M］. 梁思成. 梁思成全集：第十卷. 北京：中国建筑工业出版社，2007：6-118.
3. 李诫. 故宫博物院藏清初影宋抄本营造法式［M］. 北京：故宫出版社，2017.
4. 陈明达. 应县木塔［M］. 北京：文物出版社，1966.
5. 关于木塔拆除土坯墙改为格子门的时间说法不一。梁思成《山西应县佛宫寺辽释迦木塔》一文"史略"章节载"民国二十年木塔遭受了最大的厄运，邑绅们将各层灰墙及其内斜戗拆除，全数换安格子门"，"外观"章节载"但二十五年墙壁拆换格子门后，全塔已大改原形了"，"壁画"章节载"上四层扎枝抹泥的墙壁，在民国二十四年已被拆换为格子门，原来壁画也同归于尽"，"装修"章节载"自第二层以上，原来每层在东西南北四正面当心间辟格子门其余各间俱为篱笆抹灰墙。但去岁再度赴县调查时，则各墙已一律改作格子门"，说明拆改时间为两次赴县调查之间。莫宗江《应县朔县及太原晋祠之古代建筑》一文中提及"一九三五年曾经地方上加以修理，将各间的夹泥墙统统拆改为隔扇门"。中国营造学社遗留测稿上标注的时间分别为1933年、1936年，且中国营造学社关于木塔的照片中土墙拆除前后的照片均有，佐证了最后的说法。故笔者认为拆除土墙的时间为1934—1935年前后。

于有机质材料的年代有了更确凿的结论，有限单元法帮助我们建立木塔的简化模型、模拟木塔的结构，缩尺、足尺模型的实验可以模拟木塔各种荷载与振动……在木塔的检测与监测上，先进的手段使得今日的建筑遗产保护工作者更加了解作为物质的木塔。然而同样重要的，还有作为理念的木塔——工匠们怎样设计、营建木塔，如何安顿木塔的材料，枝樘固济而终成峻极神工。

连接在理念的、初建成的木塔与眼下沧桑的、颇多残损之处的木塔之间的，是千年岁月中构件的老化，以及受到的重力、风荷载、炮火和振动。笔者从整体出发，并撷取五层斗栱作为本期工作的范围，试图再现木塔初始设计中五层斗栱的内外构造形貌，达致古今木塔的链接，为进一步判断古今之间变化幅度奠定基础。

3.1.2 一则故事的启发

刘畅老师爱讲一段关于木塔的故事——故事开始自引述沈括《梦溪笔谈》中的那段梵天寺塔往事。

钱氏［五代吴越国（907—978年）建立者钱镠及其后代］据两浙（今浙江、上海市和苏南部分地区）时，于杭州梵天寺建一木塔，方两三级，钱帅登之，患其塔动。匠师云："未布瓦，上轻，故如此。"乃以瓦布之，而动如初。无可奈何，密使其妻见喻皓之妻，赂以金钗，问塔动之因。皓笑曰："此易耳。但逐层布板讫，便实钉之，则不动矣。"匠师如其言，塔遂定。盖钉板上下弥束，六幕（指六个表面）相联如胠箧（泛指箱子），人履其板，六幕相持，自不能动。人皆伏其精练。

假如这个故事讲的确实是真事，那边会有下边这一串合理的推论：

（1）负责梵天寺塔的匠师没有建过木塔——否则他会注意到建造过程中塔身不再容易晃动的建造阶段，不会在国王面前丢人；这个论断的"孪生兄弟"是"喻皓建过木塔"；故事中"夫人外交"的情节说明，梵天寺塔匠师更似喻皓的同辈人，只是在名气和经验上都比不上他那位名垂千古的同行。

（2）没有建过木塔居然挺身而出承担建塔工程，大致说明当年"造塔博士"的稀缺；同时，他一定是当时顶尖的大木作高手——否则吴越国王不会委以重任。

（3）从木作技术的角度考虑，或许造木塔与建造多层楼阁建筑之间不存在实质性的差异。

（4）那么，其间有限的差异会在什么地方呢？核心问题很可能在如何保证底层立柱和斗栱的加固做法上。

我们顺着这个思路延展故事对于应县木塔的启发，则可以从木塔构造中的巧妙设计和突出的现存结构缺陷两个角度进行考察。

首先，现有测绘资料早已揭示，木塔首层大木结构设计是考虑到塔身的超常规荷载的。代表性的做法有二：

其一，尽管木塔现状之中除立柱之外普遍添加辅柱——二层至四层内外槽和五层内槽柱普遍1主1辅搭配，但有显著后期添加的痕迹。唯首层立柱、辅柱密布且多为始建所成。

首层副阶除立柱露明之外，塔身外槽柱、内槽柱均包砌在土墼墙内，墙上局部剥露和透风的设置都指示墙内添加有大量隐蔽辅柱，数量和确切位置已有基本统计——"一层外槽角柱为1根主柱配3根辅柱，内槽角柱为1根主柱配4根辅柱，外槽平柱为1根主柱配2根辅柱，内槽各面阑额下支顶2根辅柱，外槽明间额枋下支顶2根辅柱，新发现外槽西侧北次间阑额中部下有辅柱1根。"[1]添加如此大量的辅柱对于结构承受竖向荷载和加强侧向稳定性都有重要作用（图3-1）。

其二，辅柱的安设位置考虑了到对斗栱层的支撑加固，具体表现在构架交接关系上。细究之，除"内槽各面阑额下支顶2根辅柱，外槽明间额枋下支顶2根辅柱，新发现外槽西侧北次间阑额中部下有辅柱1根"[2]之外，在上方安设有首层殿身斗栱的各外柱处，若干根辅柱的支撑对象不同，因而角色略有差别：

（1）每根外槽角柱周围的3根辅柱分别位于角柱展开两翼和内侧，两翼辅柱支撑于额枋之下，而内侧辅柱则直接支撑在斗栱里跳华栱之下——推测始建之际，为了配合辅柱交接，头跳华栱做切几头，为其他各层所不见。

（2）每根外槽平柱周围的2根辅柱分别位于平柱明间一侧和内侧，后者直接支撑在斗栱里跳华栱之下——头跳华栱内外均做切几头，如图3-2（左侧照片）

---

1. 侯卫东，王林安，永昕群. 应县木塔保护研究［M］. 北京：文物出版社，1966.
2. 同上书。

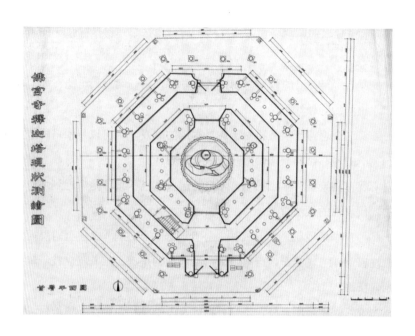

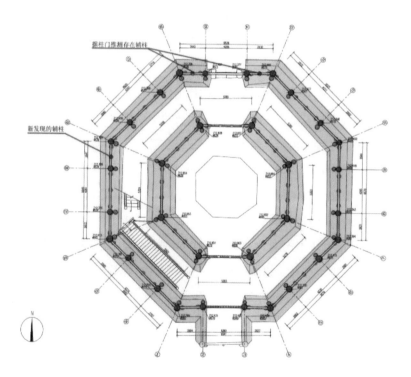

图3-1　木塔首层平面图中的立柱布置

上：1991年北京建筑工程学院测绘图；下：中国文化遗产研究院研究报告插图2-8。

所示，为其他各层所不见，反映出原始设计中采用辅柱的意匠[1]。

（3）内槽角柱处辅柱经围较大，在支撑华栱所开卯口处，以木块封堵，内部情况尚不明朗，如图3-2（右侧照片）所示。

图3-2 木塔首层外槽、内槽辅柱设置

左：首层外槽柱头铺作里跳华栱做切几头；右：内槽角柱处辅柱设置。

再进一步，可以从缺陷的角度延伸"梵天寺塔"猜想。木塔的巨型结构下部受力集中，在首层平面得到了以上辅柱加固处理、平坐层刚性良好的情况下，薄弱点顺理成章地将落在以下几处：

其一，二层明层立柱上下两端带有显著铰接特点部位；基于历史上多次对于应县木塔结构及构件变形勘察研究，木塔的主要残损集中在底部三层。经由中国文化遗产研究院对于应县木塔现状的勘察，木塔整体变形最为显著处正位于二层明层，是现有一系列研究和检测的要点，也是现有加固方案主要针对的部位。

其二，受力最集中的木构件本身包括：斗栱中以栌斗、头跳华栱和泥道栱为代表的小型构件，还有普拍枋集中受压部位，以及立柱上端的榫卯连接和下端插柱节点；中国文化遗产研究院报告显示，木构件的残损中以二层平坐及二层明层的节点残损最为严重[2]。其中铺作的重度残损情况，二层明层最为明显。木塔一共有12处铺作重度残损及以上的情况，其中8处分布在二层明层。在二层明层中，16朵柱头铺作中有7朵达到了重度残损Ⅲ级或极度残损Ⅲ＋级。与此相对

---

1. 陈明达先生认为，首层华栱下辅柱是明正德三年（1508年）"武庙游幸至州，登塔宴赏，御题'天下奇观'。出帑金命镇守太监周善修补"所成，但无法解释此处的切几头做法；中国文化遗产研究院进行的碳14测年亦为原始设计的有力证据（见侯卫东等《应县木塔保护研究》第123～129页）；图3-2左侧照片还显示，木塔首层塔身平柱柱头铺作之头跳华栱外跳部分也做切几头，推测原始设计此处内外均安辅柱。

2. 侯卫东，王林安，永昕群. 应县木塔保护研究［M］. 北京：文物出版社，2016.

应地，铺作残损在二层平坐的呈现并不明显，或因上层柱脚插柱方式的约束作用，使得铺作刚性得到加强。木塔现状勘察结果指出：二层明层斗栱，尤其是柱头铺作，是木塔铺作部分的重大隐患，也是未来木塔修缮中斗栱层面最亟待解决的问题；同时，各处集中受力部位的材质劣化——即便是整体刚性较好的平坐斗栱下层构件也不例外——是更加不容忽视的问题。

3.1.3 一串关于"药方"的反思

本章集中讨论大木结构部分，仅针对"骨科"问题；对于需要全面"会诊"的综合性问题不再重申或展开。

简单回顾一下现有的诊疗计划。

应县木塔作为无与伦比的重要的"病人"，已经屹立千年；受到地震、降水、风荷载等环境影响，以及不当修缮、战火等人为因素影响，在结构上面临着扭转、倾覆等问题，局部的构件也面临着压溃或劈裂的状况。木塔的结构修缮议题自20世纪70年代起就提上议程，历史上"落架大修"与"现状加固"之争未有定论，其间也有诸如钢支架"全支撑方案"、悬挂式"上部顶升"的方案被提出。然而，由于木塔建筑的复杂性和决策流程的谨慎，上述设想均未能进一步发展成为具体的实施方案[1]。

作为遗产保护专业的学员，摆在我们面前的第一个问题是：应该如何从"文物医学"的视角认识现有"骨科"治疗方案呢？我们没有资格去对多年以来的辛苦工作品头论足，只想借用学习的机会、利用年轻的思想，提出一些可能有益的思路。

简单地打一个比方——出于初学者的天真，也便于专家的审视和门外汉的理解，解决"骨科"问题的大致方法有"补钙""辅助""矫正""更换""支撑"，像极了当前对于修塔的讨论。不同的是，医学伴随着人类发展而成长，在行业伦理、生理研究、病理认识、药物、药理、医疗仪器和器械等方面直接关乎生命，集中大量资源，是"文物医学"所仰止并须借鉴的。

由此观之，对上述四种方案都可以有一种通俗的认知。这里不妨，并且，明

---

1. 侯卫东，王林安，永昕群. 应县木塔保护研究［M］. 北京：文物出版社，2016.

白地讲，给出上述"药方"的大夫来自不同的专业背景——反映出当前我国遗产保护学科的"发展中"现状。

"落架大修"应当类比为一次全面的大骨科手术，手术的关键是如何保证其他"生命系统"——造像、壁画、彩绘、瓦石作和附属文物的安全，为手术装备、工具、流程制定妥善的预案。这个方案多来自传统的骨科医师。他们胆大心细，曾经治愈过众多跌打损伤的病人，虽然尚且缺乏与其他科室深度合作的经验。

"现状加固"可以类比为"补钙+辅助"，目标是在并不矫正变形的前提下保证结构稳定，这个方案的关键是安全性是否能够得到保证——"钙"是否补得进去和"打石膏"是否够结实。在近五十年的修缮实践中，"打石膏"的工作没有停止——对于严重的倾斜部位以及受力薄弱点进行了局部加固，对于二层明层及平坐层进行了辅柱的加设以及斜索的布置，通过斜撑的方式减缓木塔的倾斜变形的发展。这个方案的制定者和执行者多来自结构专业出身的专家。他们精于模拟、评估、预判和动态监测——但是与理疗师、运动康复专家面对的情况类似，治疗效果要看病人的体质情况，治疗方式往往不适合病情危重的患者。

"全支撑方案"则类似于当年梁思成先生脊柱受伤后长期穿着的钢架背心，不同之处在于木塔这个"钢背心"是要穿在身体内部，是要伤及皮肤、肌肉，甚至内脏；而且需要钢支架承担木塔上部三层以及塔刹的重量，必须对地基的承载力进行评估。这个方案的提出者是城市规划专家王瑞珠院士，是站在理念高度捍卫木塔形象和核心价值的新构想——就像医学伦理学家的指点江山。这个构想指明的是一类问题的解决方向——好比为老年人提供义肢、助步车或轮椅，但是如何针对木塔这位老人"植入义肢"，并让"义肢"稳妥落地，则还有很长的路要走。

"上部顶升"原则上是要对症手术，前提是病人不能躺倒，病人上半身足够强壮，上半身和下半身之间的构造和病变后的交接关系足够清楚，此外还有一项特殊需求——一张特殊的病床。这个方案的提出者是葛修润院士和太原理工大学，是对于新结构、新技术具有充分信任的思路——就像是医疗器械设计师所制定的治疗方案。病人的特异性、病发之后的身体状况，以及手术之后健康肌体和愈合肌体之间的关系问题，都暂时没有能力做出令人信服的回应。

接续上文的比方，我们反思的第二个问题是：有这些方案摆在面前时，是否感到缺了点什么？是缺少一些新的更有创意的"药方"吗？

我们现在给出的答案是否定的。不是缺少药方，真正令我们忐忑的，是医生诊疗的过程，以及过程中所依赖的医学背景。更确切地说，就是在开药方之前对药物作用的了解，是对病人的"望闻问切"，以及"望闻问切"之前的对于人身体的深刻研究。换言之，是"药理学""病理学""生理学"的全面构建。

我们具备了什么？欠缺什么？如果理想化地就此开始，我们又从哪里入手呢？

3.1.4 一次回到"生理"的努力

毋庸置疑，人体生理科学是医学的基础。同理，对于木塔自身材料做法的深入认识是科学保护木塔的基础。

请允许我们先迂回一下，先回顾这些年来木塔"病理研究"和"药理研究"的历程。

木塔"骨科"的病理研究起于对生理结构的功能——受力体系的认识，并通过统计、检测木结构及其组成部分的形变、劈裂、沉降等现象，发现并探讨现象背后的原因。

在这条道路上的前期探索始于1992年王天的《古代大木作静力初探》[1]，该成果首次对于中国古代木构建筑结构力学进行系统性论述，使用《营造法式》对应的材分与宋尺宋斤对于荷载进行折算。其中关于木塔各层受力，结合材料常见密度及《营造法式》料例进行了估算。

针对木塔的残损现状的记录工作也不曾停步，从北京建筑工程学院、山西省古建筑保护研究所、中国文化遗产研究院的多份报告，到2016年出版的《应县木塔保护研究》[2]，是一串里程碑。与此同时，一系列专题化的木塔结构动、静力学分析，都试图更好地理解木塔歪闪与残损现状，找到力学薄弱环节并预测破坏

---

1. 王天. 古代大木作静力初探［M］. 北京：文物出版社，1992.
2. 侯卫东，王林安，永昕群. 应县木塔保护研究［M］. 北京：文物出版社，2016.

进程。李铁英、魏剑伟、李世温等[1-3]对应县木塔的结构现状、抗震性能、风荷载等进行力学评估，张舵等[4]通过梁单元模拟斗栱的方法实现木塔整体结构的有限元模拟，王林安[5]从节点横纹增强的角度研究木塔压力的传递方式。

简单说，用来理解"病理"的技术手段得到了现代科技的强力支撑。一方面，传统的研究侧重于应县木塔的整体结构简化分析，以及在此基础上地震荷载、竖向荷载及风荷载对木塔结构的影响；另一方面，也有大量学者运用了计算机分析技术，对于木塔斗栱进行了有限元模型的精细化搭建，并对竖向荷载下的形变结果进行了分析；更加值得注意的是，一些学者还引入了实验室技术，对模拟理论进行证实。

"病理"研究代表性的成果包括：王智华[6]通过有限元模拟应县木塔第三明层内槽转角铺作荷载下的工作性能，陈志勇[7]通过竖向单调加载与水平低周循环加载实验研究木塔典型节点的受力性能及破坏模式，并根据木材力学性能的本构模型对斗栱进行精细化有限元模拟，肖碧勇[8]通过竖向单调加载实验和有限元分析，研究应县木塔第二明层外槽铺作的受力性能。中国文化遗产研究院[9]首先简化木塔各构件，使用SAP2000建立木塔整体的有限元线性模型并进行动静力学分析，随后对于二层、三层外檐斗栱进行了有限元建模，通过足尺斗栱模型加载试验佐证模型的合理性。此外，更有陈国莹利用木塔旧木材所做的材料剩余强度分析，以及米晓琛[10]在博士学位论文中针对木塔木材的微观形态和理化性质进行研究，指出木材残损的表征规律。

1. 李铁英，魏剑伟，张善元，等. 木结构双参数地震损坏准则及应县木塔地震反应评价［J］. 建筑结构学报，2004（2）：91-98.

2. 李铁英，魏剑伟，李世温，等. 应县木塔扭转振动特性和地面强迫振动试验与分析［C］//第16届全国结构工程学术会议论文集：第3册. 2007：357-364.

3. 李铁英，魏剑伟，张善元，等. 应县木塔实体结构的动态特性试验与分析［J］. 工程力学，2005（1）：141-146.

4. 张舵，卢芳云. 木结构古塔的动力特性分析［J］. 工程力学，2004（1）：81-86.

5. 王林安. 应县木塔梁柱节点增强传递压力效能研究［D］. 哈尔滨：哈尔滨工业大学，2006.

6. 王智华. 应县木塔斗栱调查与力学性能分析［D］. 西安：西安建筑科技大学，2010.

7. 陈志勇. 应县木塔典型节点及结构受力性能研究[D]. 哈尔滨：哈尔滨工业大学，2011.

8. 肖碧勇. 应县木塔斗栱解读及二层明层柱头斗栱传力机理研究［D］. 湖南：湖南大学，2010.

9. 侯卫东，王林安，永昕群. 应县木塔保护研究［M］. 北京：文物出版社，2016.

10. 米晓琛. 应县木塔损伤分析及材性微观劣化与保护研究［D］. 太原：太原理工大学，2021.

至于"药理"与"药物研发"工作，必须承认，中国建筑遗产保护领域——尤其是"骨科"领域，长期以来坚守传统，对于新材料、新技术、新思路的探讨主要体现在辅助加固技术一项，很长时间以来也一直关注以环氧树脂、碳纤维加固为代表的国际上对现代材料技术的尝试。当然，药的作用重在"理"，行之有效才是目标。在同标准的药效和副作用体系下衡量，传统的药物经历了历史检验，新特效药的发明——如清洗用凝胶[1]——既须明确使用范围，也须经过从实验到推广的过程。

如此，绕了一个圈子，回过头来看当今木塔保护最基础的任务——木塔"生理"。那么，我们真正了解木塔了吗？了解得够深入吗？这样的设问居然无法明确回答。至少，这里有一组问题，我们翻遍了建筑史课本和参考资料，众说纷纭，一直都没有找到现成的答案：

（1）木塔的平面和构架，用当年的丈尺，是怎么计算的呢？

（2）木塔的斗栱，采用了《营造法式》讲的或是某种原始的"材分制"吗？

（3）木塔柱梁之间、斗栱构件之间的榫卯与《营造法式》的描绘和记载一致吗？

这些问题的答案能够帮助我们找到"病"、理解"病因"，至少对应着以下必须回答的问题：

（1）千年的荷载，使得木塔相对原始设计丈尺偏离了多少？

（2）斗栱的细节之处的小尺度构件，在更加精细的量度和比较之下，哪些劣化得更严重？是否能够开展更精细化的受力−劣化分析？

（3）木塔的"关节"的优点和缺点都有哪些？在保持现状情况下受力最不利的"关节"有哪些？它们的状况如何？

这些问题的答案，再加上对病害的统计、认知和探因，最终才能够帮助我们找到令人信服的"处方"或者"手术方案"。对应上文，列出以下三条：

（1）为判断木塔变形量增加原始设计参考值，提高治疗方案的说服力；

（2）为判断小型构件剩余强度和质量提供参考值；直接在构件深度指导保护实践；

---

1. STULIK D, MILLER D, KHANJIAN H,et al. Solvent gels for the cleaning of works of art ［M］. LA: Getty Publication, 2004.

（3）直接在构件内部交接做法的深度指导保护实践。

总之，我们必须重新审视这条从"生理"到"病理"、再到"药理"指导下的治疗的工作流程。尽管我们必须全力支持与结构病害发展赛跑的现有研究、持续监测和"理疗方案"，但是仍然必须清醒地认识到，在木塔"生理构造"没有研究透彻的情况下，全面妥善的保护方案是无法实现的，走向这个方案的道路还很漫长。

于是，我们团队的工作目标便着重放在木塔"生理构造"的方向上。期待这里的心得能够为保护一线的勇士们提供一点参考。

3.2 现有研究

自中国营造学社对木塔进行测绘工作以来，应县木塔的尺度——从微观的构件尺寸到宏观的立面比例——均得到了广泛的讨论，积累了大量数据。正如前文提到的丈尺、材分、榫卯三个问题中的前两个，建筑史专业的学者们试图从这些要素出发，探讨比例和规律，得到关于木塔设计的可能阐释。今天，当我们以文物保护为目标再一次检视这些解读工作时，便应当回到实测数据本身，而且不仅需要关注这些史学解读的自洽，同时需要梳理数据取得的历程、技术手段，关注其所依托的数据——它们的测量精度、测量方法以及可能的误差。

3.2.1 实测综述

关于木塔的测绘数据采集工作始于1933年，中国营造学社梁思成、刘敦桢、莫宗江几位先生分别于1933年、1936年两次对木塔进行测量，并由莫宗江先生绘制剖面及渲染图，此次测绘图纸连同梁思成先生关于木塔之著作《山西应县佛宫寺辽释迦木塔》一文手稿，因在战时辗转，部分佚失，部分水残，最终结集发表在《梁思成全集（第十卷）》[1]（后文简称"营测"）中。1962年，陈明达等人

---

1. 梁思成. 山西应县佛宫寺辽释迦木塔［M］//梁思成. 梁思成全集：第十卷. 北京：中国建筑工业出版社，2007：6-118.

再次对木塔进行测绘，成果于1966年发表为专著《应县木塔》[1]（后文简称"陈测"），不惟测量木塔空间与构件实际尺寸，更是对木塔整体尺度设计与营造思路进行了探讨。上述两次测绘均为手工测量，精度以毫米计。

北京建筑工程学院于1991年对木塔进行测绘（后文简称"北测"），是针对木塔首次的现状测绘。通过在各层平面上放线而成空间八边形进行控制，从而实现对于木塔整体形态更精确的量取。1999年，山西省古建筑保护研究所基于北京建筑工程学院的八边形控制网，重新进行测绘（后文简称"山测"），并对于木塔残损现状进行详尽的描述。上述测绘借助电子水准仪、经纬仪等设备，精度相较前人研究进一步提升，并反映出木塔各构件的现实状况。

2011年，中国文化遗产研究院与天津大学合作对木塔局部进行了三维激光扫描工作（后文简称"文测"），成果部分见于《应县木塔保护研究》一书。同年，清华大学刘畅团队对木塔二层明层外檐斗栱进行了三维激光扫描工作。三维激光扫描技术使得对于木塔的现状勘察摆脱了测绘图纸平面的限制，研究者得以对构件的三维空间的样态及变形进行判断（后文简称"清测"）。

"营测""陈测""北测""山测""文测""清测"之中，"营测"的实测数据精度受到了技术手段、工作时间的局限，对于某些数据（如柱头平面）并未进行量取记录；但是最为原始的测值，可能反映近九十年前的状况，珍贵性无可比拟的是一批历史照片的存在，可能提示重大历史信息。"陈测"数据是第一次全面的梳理，同时由于作者强烈的解读历史的学术兴趣，更加接近参考《营造法式》测量的成果，未明确列出残损现状，且当时的测绘技术对于精细的空间尺寸定位与数据量取仍然力有不逮——例如，在形变和沉降等因素的干扰下，量取柱头或柱脚的位置，会存在一定的误差，但是这份数据仍然是今天校核的最佳参照对象。"北测""山测""文测""清测"之中，数据精度高、采集全面、记录清晰、完整公布的当属"北测"和"山测"——二者借助空间八边形网格以及电子水准仪、经纬仪等设备，更翔实地记录了木塔的残损现状下的空间与构件尺度。对于各层柱头、柱脚的空间位置的定位精度——数据读取精度普遍达到甚至高于0.5cm，相较于此前的测绘，有了较大的提高，其全面程度是深入研究的基

1. 陈明达. 应县木塔［M］. 北京：文物出版社，1966.

石；"文测""清测"均运用了三维激光扫描技术，尽管公布情况有限，但考虑到现有成果在时效、精度、数据覆盖等方面，其局部数据也可以用作重要研究依据。

通观这样的数据基础，下一步的工作对这些素材的利用侧重可基本描述为："营测""陈测"历史影像应作为研究主要依据，实测数据可作为辅助参考；"北测"和"山测"实测数据应作为主要依据；"文测""清测"之局部数据可用作重要参照。

3.2.2 数据解读综述

应县木塔研究现状的一大特点是史学讨论非常丰富，假说并置，但尚未形成共识。建筑史学学者在测绘数据的基础上做出了引申研究，简单梳理如下作为补充，为了可以用来逆向计算设计理想值，对照现状数据形成变形研讨。

（1）关于木塔的尺度研究，陈明达在《应县木塔》中指出木塔设计的重要模数为三层面阔——883cm（陈明达采用 32.9cm 宋尺作为计算值，合 26.8 尺），用材最多者为 25.5cm×17cm（15 分° [1]×10 分°），栔为 11cm（6.5 分°），认为每层外檐间广递减值为 25 分°。

（2）迄今为止，关于木塔尺度的研究大都基于陈明达先生《应县木塔》一书所载数据，其中傅熹年[2]、张十庆[3]基于《营造法式》中记载的传统八棱构成方法，推测应县木塔平面设计尺度，认为木塔第三层是设计的基准，以营造尺 29.46cm复原得到外槽面阔 30 尺（心间 13 尺，次间 8.5 尺），外径 72 尺，斜径 78 尺。内槽面阔 17.5 尺，槽深 15 尺。以此为基准逐层递增或递减 1.5 尺，满足整数尺规律。用材较多者为 25.5cm×17cm，8.7 寸 ×5.8 寸，每分° 0.58 寸。

（3）接续这些解读，肖旻[4]指出木塔设计的模数为 L=22.1cm（0.75 辽尺，尺长同张十庆营造尺 29.46cm），该模数较好地吻合各层面阔的数值，与整数尺寸共同控制木塔的平面及立面设计。此外，关于木塔营造尺，探索了 30.7cm 或

---

1. 为避免与古代长度单位"丈、尺、寸、分"的计量单位系统混淆，故关于"材分°制"模数框架下一律使用"分°"进行描述，下同。

2. 傅熹年. 中国古代建筑外观设计手法初探［J］. 文物，2001（1）：1，74-89.

3. 张十庆.《营造法式》八棱模式与应县木塔的尺度设计［J］. 建筑史，2009（25）：1-9.

4. 肖旻. 山西应县木塔的尺度规律［J］. 西南交通大学学报，2004（6）：815-818.

者 31.5cm 的可能。张毅捷[1]等人的研究认为木塔的模数分为三级，最高一级模数 A=884cm 控制建筑整体比例；第二级模数为平面尺度模数 8.5cm 和垂直尺度模数 22.1cm，控制中等尺度；第三级模数为分° a=1.7cm，控制构件的尺度。

（4）不久前，陈彤通过比较"营测""陈测"两次测绘数据，以 30.36cm 作为营造尺，提出木塔的理想用材为：单材广 8.4 寸（15 分°），厚 5.6 寸（10 分°）；足材广 12 寸，并通过尺寸与分°值对于木塔斗栱、平面的设计方法进行了推断。

综合前人对于木塔尺度的分析结论，可以汇总如表3-1表示。

表3-1　应县木塔材°制度既有研究汇总表

研究者	材截面尺度观点	营造尺取值观点	数据依据
梁思成	1 分°=1.6cm，用材最多者为 25cm×16cm。材广：材厚 = 15：10.4	—	"营测"数据
陈明达	1 分°=1.7cm，标准尺寸 25.5cm×17cm，材广 8.25 寸（15 分°），材厚 5.5 寸（10 分°），合《营造法式》中的二等材。栔广 11～13cm。足材 36.5cm 或 37cm	32.9cm 或 30.9cm	"陈测"数据
傅熹年	提出材分制（斗口制）的可能，未针对木塔进行讨论	294mm	"陈测"数据
张十庆	用材最多者为 0.85 尺×0.6 尺×0.4 尺（合 25.04cm×17.6cm×11.78cm）足材广 1.25 尺	29.46cm	"陈测"数据
肖旻	以陈明达实测为据做推算，未有明确观点	29.46cm（沿用张十庆）；探索 30.7cm 或 31.5cm 可能性	"陈测"数据
陈彤	单材广 8.4 寸（15 分°），材厚 5.6 寸（10 分°）；栔广 3.6 寸（约 6.5 分°）；足材广 12 寸（约 21.5 分°）。1 分°=5.6 分≈1.7cm（沿用陈明达）	30.36cm	"陈测"数据，并以"营测"数据对"陈测"数据做修正

注：李大卫、李泽辉制表。

在表3-1所述研究中，各学者的假说完备性均在前人的基础上有所发展。梁思成与中国营造学社的研究对于尺度的探讨尚未展开，大多数数据记录方式仍采用公制，陈明达在此基础上发现了木塔立面构图中存在的比例关系，并试图通过

---

1. 张毅捷，叶皓然，韩效. 对应县木塔1962年实测数据的再分析［J］. 西部人居环境学刊，2018，33（4）：80-85.

考古发掘出土的宋尺进行解释，是第一次从营造尺角度力图重溯木塔设计逻辑的尝试。傅熹年对于营造尺的方法论有了进一步的发展，致力于唐代城池、宫殿等遗址平面的研究，在此基础上进行了唐尺复原的尝试，并认为"辽承唐制"，木塔的营造尺寸应更接近唐尺，与此同时，294mm的营造尺同时满足了立面的整数尺寸复原。肖旻基于傅熹年的假说，进一步细化了立面的比例关系。陈彤则从平面、立面、剖面、斗栱设计等多个角度提出了木塔设计方法论的推测，在木塔的设计中，控制因素是复杂的，其中丈尺、材分°在尺度的控制上均起到了作用，其中后者更直接地影响了木塔的空间布局和模数网格等要素。上述工作的数据，除最早期的中国营造学社外，均主要基于陈明达先生公布在《应县木塔》一书中的数据。陈彤则使用中国营造学社的数据对陈明达《应县木塔》一书中可能存在较大误差的数据进行了校正。

3.3 数据校雠、补充和再认识

3.3.1 各层平面数据校雠

在全面开展木塔数据分析之前，需要从最为基础和简明的问题入手——木塔各层平面丈尺关系。在前人研究的基础上推进对平面尺度的认识，是一切后续的、更复杂问题的切入点。回顾"陈测""北测"和"山测"，各自在不同数据精度和数据覆盖面上反映了木塔彼时现状。在此，我们可以针对各层平面尺寸分别整理进行对照。

3.3.1.1 "陈测"

"陈测"数据在《应县木塔》图纸和表格中都有发表。整理各层平面数据如图3-3所示。

3.3.1.2 "北测"

"北测"采用测量仪器在各层确定了边长为7.358m的八边形控制网，八边形面到面距离为17 764mm。从所掌握的数据获取方式上看，"北测"对数据间相

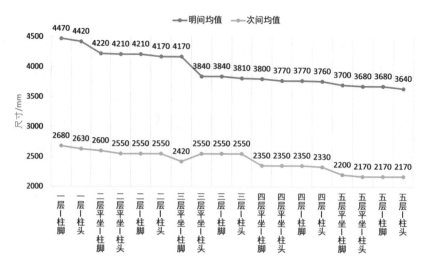

图3-3 "陈测"各层开间面阔均值变化简图

注：李大卫绘制。

对关系的反映较好。"北测"实测图在各明层斗栱仰视图、各层平面图中分别注明了各面柱头和柱脚平面开间尺寸；在各暗层梁架平面图和平坐斗栱仰视图中标注了平坐层的柱脚和柱头平面开间尺寸（图3-4）。实测图在各层平面图和各层梁架构造仰视图中分别注明了柱脚平面与柱头平面面阔尺寸；除此之外还绘制了沿草乳栿方向的内外槽侧立面展开图，但并未标注尺寸。

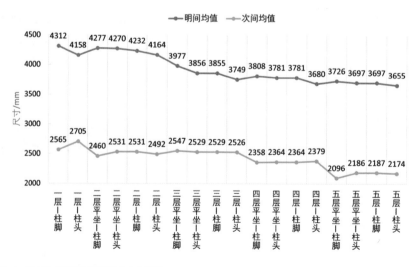

图3-4 "北测"各层开间面阔均值变化简图

注：李泽辉绘制。

有关木塔各层立柱侧脚的情况，由于木塔各处形变歪闪情况不一（图3-5），剖面图所反映的立柱本身空间姿态无法对侧脚与否和侧脚多少进行准确判断；而八边形圈层中水平向联系的构造约束使得各面开间受形变影响相对较小。因此本文将同一构造层各面面阔与心间广的柱头与柱脚尺寸进行对比，估算侧脚均值。兹将"北测"各层柱脚与柱头差值均值罗列如表3-2所示。

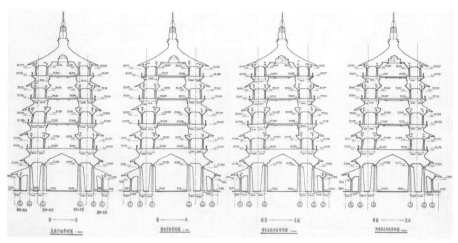

图3-5 "北测"木塔总体变形图（局部）

表3-2 "北测"各层柱脚与柱头平面差值均值简表

单位：mm

	副阶	一层	二层平坐	二层	三层平坐	三层	四层平坐	四层	五层平坐	五层	标准差均值
各层面阔	−72	−112	−134	146	156	114	15	70	−150	67	106
明间面阔	40	154	7	68	121	106	27	101	30	42	70

3.3.1.3 "山测"

"山测"借助了"北测"遗留的八边形控制网，并辅助以手工测量得到侧立面展开图尺寸，八边形面到面距离取17 765mm。"山测"各层平面图对内槽开间尺寸标注并不完整，但可以内槽侧立面展开图所注数据进行补充。该展开图图面上标注了明层柱头与其上平坐柱脚相对于同一竖直参考线的距离，由两数据差值可计算得到平坐柱脚相对于其下明层柱头沿草乳栿方向向塔身内退进的距离，因此根据八边形的几何关系，可以对平坐柱脚面阔相对于其下明层柱头面阔的缩小值进行校核。平面数据整理如图3-6所示。

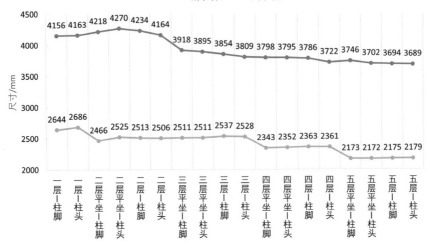

图3-6 "山测"各层开间面阔均值变化简图

注：李泽辉绘制。

"山测"各层柱脚与柱头差值均值罗列如表 3-3 所示。

表3-3 "北测"各层柱脚与柱头平面差值均值简表

单位：mm

	副阶	一层	二层平坐	二层	三层平坐	三层	四层平坐	四层	五层平坐	五层	标准差均值
各层面阔	−86	−91	−169	83	23	63	−14	55	47	−2	63
明间面阔	36	−6	−52	69	23	45	3	63	44	5	34

3.3.1.4 归纳和反思

总体来看，"陈测""北测"与"山测"所呈现出来的木塔各层平面丈尺关系递变规律相近，但偶存显著差异——例如：在三层平坐柱脚与二层柱头的对应关系上，"陈测"数据显示三层平坐柱柱脚明间面阔与二层柱头明间面阔相等；而"北侧"与"山测"的数据均指出，三层平坐柱柱脚明间面阔明显小于二层柱头明间面阔，其差值通过乳栿、平坐立柱的偏移得以实现。

相比之下，"北测"与"山测"两套实测相隔时间不长，测量方法连贯，数据成果则更趋向统一——标准差平均值分别为72.62和65.54；变异系数分别为0.78%和0.71%；而数据的有效性和可靠性，除了数据本身所反映的离散程度指标外，仍需结合构造关系进行进一步检验。

在此罗列两套实测数据的目的，并非要在两组数字之间简单做出取舍。关于"北测"与"山测"两套数据在某些数值上存在的差别，一是需要充分考虑两次测量的系统误差因素，二是关注同一套实测内数据之间相对关系，三则是需要对其明显的特征性差别进行讨论。

首先，关于"北测"与"山测"两套数据中各面面阔的变化规律数据现象相近，有如下几点需要说明：

（1）心间数据，"北测"与"山测"标准差均值分别为47.60和42.12，变异系数均值分别为1.19%和1.05%；次间数据，"北测"与"山测"标准差均值分别为59.63和48.44，变异系数均值分别为2.33%和1.87%。

（2）两套数据之二层、三层、四层、五层平坐柱头通面阔与其上明层柱脚平面通面阔基本一致，与构造关系所呈现的情况相符——明层柱脚插接在其下平坐斗栱之上。其中两套数据之二层平坐柱头与二层明层柱脚的差值略偏大，应为形变导致柱头相对外闪所致。

（3）"北测"与"山测"一层柱脚平面均小于柱头平面，而在一般情况下柱头平面均值应小于或等于柱脚平面。考虑到一层柱身和柱脚包裹在首层泥墙中而无法精确定位，柱脚数据或存在较大误差。

（4）"北测"与"山测"在二层平坐处出现了柱脚平面明显小于柱头平面面阔的数据现象。此数据现象所对应的结构状态于整体稳定性而言并不合理。观察"北测"二层平坐处剖面图可知，二层平坐外柱确呈现柱头向塔身外倾斜的趋势。事实上，二层平坐柱承受其上塔身全部荷载，而其下首层柱包裹在墙体当中受约束较为充分，因而所受综合应力最为集中。故此处可解释为二层平坐处受持续荷载导致出现柱脚内移，柱头外闪。

两套数据所反映的尺度设计差异之处主要有两点，可做如下解读：

（1）"北测"五层平坐柱脚小于平坐柱头，"山测"无此现象。此处似为"北测"图面数据有误。

（2）二层柱头与三层平坐柱脚之差在两套数据中差别较大，"北测"为77mm，"山测"为238mm。结合图3-7，需要明确的构造关系是，平坐柱脚沿其下一层明层斗栱草栿后尾向内收进，尺度细节有待展开探讨。

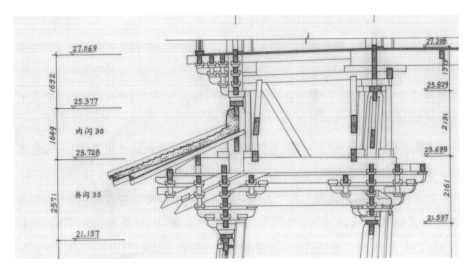

图3-7 平坐立柱构造关系示意图

注："北测"二层内外槽梁架剖面图。

　　至于数据规律，则两套数据的共性显著，体现在整体变化趋势上：

　　（1）毫无疑问，各面面阔由首层至五层呈递减趋势。从构造关系与曲线变化趋势来看，各平坐层柱头尺寸应与其上明层柱脚尺寸应一致。"北测"中一层柱脚、二层平坐柱脚、五层平坐柱脚偏小，以及"山测"一层柱脚、二层平坐柱脚偏小的情况上文已有解释。

　　（2）心间间广均值在二层柱头至三层平坐柱头间出现了较为显著的缩减，其余各处缩减较为平缓；次间间广均值在二层平坐至三层柱头之间变化差异不明显，而在一层柱头至二层平坐柱脚、三层柱头至四层平坐柱脚、四层柱头至五层平坐柱脚三处出现了较为明显的缩小。

　　（3）各层平坐柱脚相对于其下明层柱头退进距离在"山测"中有所反映，同时出现在"营测"测稿之中。特整理如表3-4所示。

表3-4　各层平坐柱脚相对于其下明层柱头退进距离均值简表

	一层至 二层平坐（A）	二层至 三层平坐（B）	三层至 四层平坐（C）	四层至 五层平坐（D）
"山测"退进差值均值/mm	321.6	309.0	370.1	495.4
梁思成手测值/m	0.30	0.32	0.40	0.47

注：梁思成手测值数据取自梁思成. 山西应县佛宫寺辽释迦木塔[M]//梁思成. 梁思成全集：第十卷.北京：中国建筑工业出版社，2007：6-118.

表 3-4 中两组数据虽数值存在一定程度出入，但其所描绘的趋势基本一致，即 A≈B＜C＜D。平坐立柱柱脚处为受力较为集中的局部，或存在较大程度的形变，数据的离散程度亦较大，此处仅对其作定性探讨；"山测"描述柱脚与柱头的现状位置，而实测数据对原始设计的反映程度仍需结合是否拔榫、滑移等现象进行进一步判别。

需要补充的还有一点，即所有测量取值之间几何关系的自洽性。这种自洽性主要体现在木塔八边形平面的几何约束上。我们至少了解四则匠作绘制八边形的口诀，其中三则为正八边形[1]，其中不乏计算八边形相间四个端点与边长之间的关系，计算边长、主次对角线、对面距、外接圆半径和内切圆半径关系的较高精度的算法。但是，其中最为实用的是宋代李诚在《营造法式》"看详"中的"谨按《九章算经》及约斜长等密率"定出的比例算法——"八棱径六十，每面二十有五，其斜六十有五"。这里每面长与"径、面差之半"的比率为 1.428 57，与 $\sqrt{2}$ 真值存在约 1% 的误差；而八角正面、径、斜三者，25、60 和 65，正好构成了一组勾股数，颇为完美。因此这个算法所描述的是中等精度的近似正八角形，正面略大而斜面略小，且简化方法甚有巧思。更为重要的是，如果将这个勾股三角形使用在各种八边形边角小三角形的计算上，则可以达到更高的拟合精度。

诚然，这个简明的算法口诀并不适用于校验以公制度量单位测得的数据；而适用于校验逆向推算出的原始设计丈尺。即，设想古代匠人在计算丈尺的时候会依照简明口诀而确定各项关键尺度，因而实现对多层木塔各个细节尺度的清晰控制。

沿着这个思路，在下文消化数据、推算原始设计的章节中，这个比例关系将被作为考察数据自洽性的重要参考。

3.3.2 "清测"之五层实测

"清测"工作覆盖木塔各明层和部分平坐层，已经完成解读和公布的数据为

---

1. 口诀一：八棱径六十，每面二十有五，其斜六十有五。口诀二：八角，每面求角至角用二六一二扣，每面求面对面用二四一四扣，每面求三角至三角用一八四七扣，每面求角至中用一三空六扣，每面求面至中用一二空七扣……八角，斜有每面正宽若干用一空八二因，搭角斜用一四一四因。口诀三：定八角面阔歌，系八角容方法，八角原来从内方，内方分中斜之长，长将内方须减去，余留折半作勾详，另将内方半为股，勾股求弦宽自揭，若以面对面中取，四面二数可当，又法用四一四因之。口诀四（非正八边形）：定四大面四小面，四大面以面对面进深四分之二定之，四小面以进深四分之一定之，又用一四一四加料定之。

木塔五层平面和斗栱部分。这个阶段的设置存在研究者对工作次序的考虑——五层平面、外檐铺作的外部几何算法及其内部榫卯构造的双重特殊性。具体来讲，一方面，木塔五层斗栱设计简明，与五层明层立柱平面协同，擎举八边形攒尖屋架和塔刹，且五层立柱平面"设计上有一定'独立性'，每面面阔及开间设计均为整尺"[1]；另一方面，短栱的存在使得泥道栱和华栱脱离栌斗限位，存在对于结构稳定性负面影响，故必然存在内部补强榫卯做法——其位置、尺度均可作为斗栱细部设计的校正因子。

3.3.2.1 手工数据采集

现有数据之中，"营测"与"陈测"方式为手工测量，数据精确到厘米；"北测"则借助经纬仪、水准仪与测距仪等设备，确定木塔三维空间正八边形控制系统并辅以"吊钢尺法"手工测量[2]，在一定程度上提高了数据获取的精度与效率，数据读取精度普遍达到甚至超过 0.5cm；"山测"在一定程度上延续了"北测"的测绘方法。手工测量在采集构件自身尺度方面具有优势，在数据读取、判断量取位置材质变化等方面比三维激光扫描要更加直接。故"清测"手工测量对象主要是斗栱材厚和各类斗的加工尺寸。

"清测"针对应县木塔五层内外槽斗栱里跳栱根处手测获取材厚数据，并针对内外槽转角铺作、柱头铺作和补间铺作分开统计。剔除劈裂变形等特异测值后，均值情况统计如下（表3-5、表3-6）。

表3-5 应县木塔五层外槽铺作材厚情况表

单位：mm

	短栱材厚	一跳华栱材厚	横栱材厚
转角铺作实测平均值	172.6	172.3	162.6
柱头铺作实测平均值	170.6	169.7	165.6
	一跳华栱材厚	二跳华栱材厚	横栱材厚
补间铺作实测平均值	165.4	172.9	155.4

---

1. 李泽辉，赵寿堂，李沁园，等. 应县木塔平面丈尺假说：从1933年的旧照谈起［J］. 建筑史学刊，2021，2（2）：15.
2. 详细测绘方法参见：刘国梁. 佛宫寺释迦塔现状测绘的控制测量［J］. 北京建筑工程学院学报，1995（1）：65-70.

表3-6 应县木塔五层内槽铺作材厚情况表

单位：mm

	一跳华栱材厚	二跳华栱材厚	总平均值
补间铺作材厚实测平均值	166.5	167.3	166.9
转角铺作材厚实测平均值	172.0	178.1	175.1

数据分布情况显示以下特点：

（1）仅看内槽铺作，补间铺作材厚均值均显著小于转角铺作；外槽铺作中，短栱与华栱的材厚情况也呈现出转角铺作＞柱头铺作＞补间铺作的基本规律。除去加工误差和补间铺作材厚设计时有刻意减小用材的可能性外，此处所呈现的数字规律也与转角铺作受压最大、柱头铺作次之、补间铺作最小的受力次序相一致。因此，这里并不能排除材厚因受压不同而受到影响的可能。

（2）横栱材厚较之同类铺作出跳的短栱、华栱材厚显著偏小，应系原始设计所致。

（3）对材厚设计值的探讨需考虑木材干缩形变和风化残损导致实测尺寸折减的影响，也需纳入木材受压膨胀、开裂的因素，而二者综合作用下木材究竟如何变化暂无法定量分析。

"清测"反映，五层外槽柱头铺作与补间铺作栌斗设计尺寸存在差别，其中柱头铺作栌斗较大；补间铺作栌斗较小，除底部安置有驼峰之外，还在斗口内置垫木，似为取得与柱头铺作栌斗相同的高度。对五层内外槽栌斗（共21个）、散斗（共31个）尺寸手工量取，均值情况如表3-7所示。

表3-7 木塔五层外槽铺作栌斗、散斗尺寸均值情况表

单位：mm

位置	类别	水平向长度				竖向高度			
		上广	上深	下广	下深	斗耳	斗平	斗齐	总高
补间铺作栌斗	实测	423.8	391.3	299.6	未及	81.8	76.5	112.8	271.1
柱头铺作栌斗	实测	552.6	未及	387.3	未及	137.4	77.9	151.4	366.7
散斗	实测	297.9	272.7	206.7	191.1	107.7		75.6	183.3

注：因设计、布站等客观原因无法测得的数据，用"未及"来表示。

3.3.2.2 三维激光扫描数据采集与统计

"清测"三维激光扫描数据采集工作要点主要面向平面（柱网、斗栱朵距）、

斗栱出跳值和单材与足材之广。为方便统计，本次作业针对应县木塔五层外槽斗栱自东北角起逆时针进行编号，编号 SY5-W1 至 SY5-W32，共 32 朵。并设外侧扫描站点 29 个，编号 W-SCAN01 至 W-SCAN30（W-SCAN09 因晃动弃用）；内侧站点 18 个，编号 N-SCAN01 至 N-SCAN19（N-SCAN06 因晃动弃用），共计 47 站（图 3-8）。各站中，每朵斗栱的左右侧面均选择合适站点提取点云。在测量时以栱方外皮为参照点，确定出跳距离；以出跳华栱上下边界、交互斗下皮为参照绘制辅助线测量单、足材广（图 3-9）；还可对卷杀等轮廓交接细节进行精准的捕捉和分析。在测量中，为抵消斗栱歪闪形变对数据的影响，均对斗栱两侧分别测量并取平均值。对应扫描站点的数据采集方案详见表 3-8。

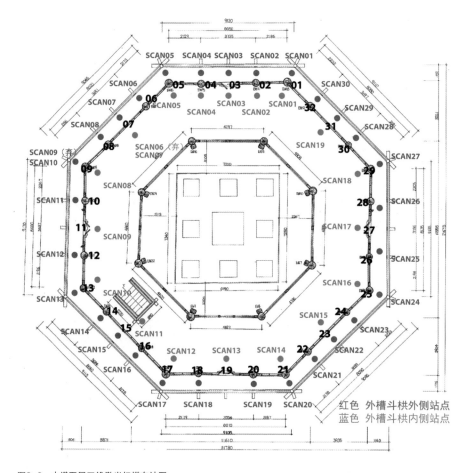

图3-8　木塔五层三维激光扫描布站图

图片来源：李泽辉制图，底图来自"北测"五层平面图。

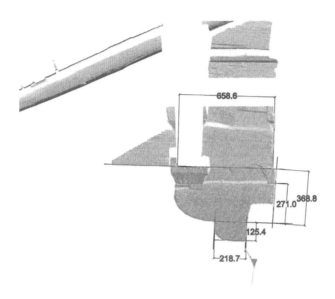

图3-9 三维激光扫描点云数据
获取示意图

图片来源：李泽辉制图。

表3-8 应县木塔五层外槽斗栱三维激光扫描数据采集方案

目标斗栱		外跳测站（W-SCAN）		里跳测站（N-SCAN）	
		左侧	右侧	左侧	右侧
柱头铺作	SY5-W2	01、02	03、04	03、04、05	01、19
	SY5-W4	03、04	04、05	05、07	01、02、03
	SY5-W6	05、05	06、07、08、10	07、08	03、04、05
	SY5-W8	05、06、07、08	08、10	08、09	05、07
	SY5-W10	10、11	无	09、10	07、08
	SY5-W12	无	12、13、	10、11	08、09
	SY5-W14	13	14、15、16、17	11、12	09、10
	SY5-W16	13、14、15	16、17	12、13	10、11
	SY5-W18	17	无	13、14	11、12
	SY5-W20	无	20	14、15	12、13
	SY5-W22	20、21	22、23、24	15、16	13、14
	SY5-W24	20、21、22、23	23、24	16、17	14、15
	SY5-W26	24	25、26	17、18	15、16
	SY5-W28	25、26	27	18、19	16、17
	SY5-W30	27、28	28、29、30、31	19、01	17、18
	SY5-W32	27、28、29、30	01	01、02	18、19

目标斗栱		外跳测站（W-SCAN）		里跳测站（N-SCAN）	
		左侧	右侧	左侧	右侧
补间铺作	SY5-W3	01、02	04、05	04、05、07	01、02
	SY5-W7	05、06、07	07、08、10	07、08、09	04、05
	SY5-W11	无	无	09、10、11	07、08
	SY5-W15	13、14、15	15、16、17	11、12、13	09、10
	SY5-W19	无	无	14、15	11、12
	SY5-W23	20、21、22、	22、23、24	16、17	13、14
	SY5-W27	24、25	26、27	18、19	15、16
	SY5-W31	27、28、29	30、31	01、02、03	17、18

首先采集的数据为可以深化开间尺度的斗栱朵距。由于柱头中点不易读取，朵距的提取则是通过外侧测站以出跳华栱处量取相对距离得到；且木塔的八边形平面在转角铺作处形成的内角，给朵距识别读取带来了一定困难，因此此处根据两侧普拍枋做辅助中线相交确定转角铺作中心点的方式进行量取（图3-10）。

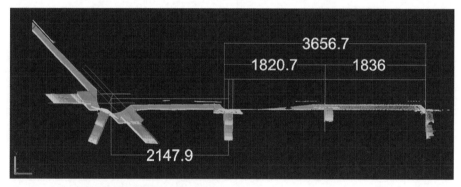

图3-10　木塔五层外槽朵距量取示意图（标注单位：mm）

表3-9　应县木塔五层外槽铺作朵距情况表

单位：mm

	次间（转角—柱头）	明间（柱头—柱头）	每面面阔（转角—转角）
平均值	2153	3668	7974

进一步深化斗栱与整体构架交接关系，可以在三维点云文件中量出斗栱出跳值。五层铺作受屋面持续荷载普遍向外倾转，且有相当数量的外跳横栱拔榫歪闪

变形，给外跳数据的获取带来了难度；外槽补间铺作外跳因受到木塔各面悬挂匾额的遮挡，难以获得足量有效数据。相比而言，铺作内跳状况较为完好，数据的离散程度也更小。现将其均值情况归纳如表3-10所示。

表3-10　木塔五层外槽铺作出跳值情况表

单位：mm

位置	外一跳（补间）	外总出跳	内一跳（补间）	内总出跳
外槽柱头铺作	—	664.9	—	672.3
外槽补间铺作	340.2	699.2	346.7	678.6

注：补间铺作外总出跳值（黑色方框标注数值）由于样本量少，且二跳普遍受压向外旋转，导致测值偏大，此处仅做罗列，未来不作为复原参考。

此外，配合手工测量材厚值，三维激光扫描点云能够更好描述斗栱出跳构件之单材与足材广取值。现将均值情况归纳如表3-11所示。

表3-11　木塔五层外槽铺作单材、足材广均值表

单位：mm

		短栱材广	泥道上第一跳足材广	泥道上第一跳单材广	一跳足材单材比值	泥道上第二跳足材广	泥道上第二跳单材广	二跳足材单材比值
外槽柱头铺作	外跳	134.6	371.2	256.4	1.44	—	—	—
	内跳	135.6	366.6	260.5	1.41	—	—	—
外槽补间铺作	外跳	—	364.2	258.5	1.41	368.6	264.2	1.40
	内跳	—	370.4	259.4	1.43	369.5	262.1	1.41

注：综合整体计算后足材广均值368.7mm，单材广259.3mm，足、单材广比值约为1.42。

3.3.2.3 斗栱部分榫卯影像采集

综合考虑研究对象的特殊性与现场工作的易操作性，本文采用数字化的计算机X射线成像技术（CR）来进行数据采集，在保证图像质量的同时，也能兼顾工作效率和经济成本。探伤设备为德国Yxlon公司生产的便携式X射线探伤机，型号为YXLON SMART EVO 300D，高压范围为50～300kV，工作电流为0.5～4.5mA。内置激光灯清晰指示辐射范围和中心位置。拍摄作业之后采用便携式CR电子成像系统获取拍摄影像，设备型号为Durr HD-CR35。所采用的IP板规格为430mm×350mm，可重复使用，不需要暗室和化学试剂，缩短了曝光

和处理时间，有助于提高现场工作效率。使用设备配套的 D-Tect 软件可以进行影像初步预览和优化，并归档数字信息。本次外业作业的基本流程分为拍摄与影像扫描两部分。考虑现场工作条件，本次作业全部采用西向东的穿透方向对目标斗栱里跳部分，以及南向北的方向对斗栱泥道位置进行检视。拍摄时，需先架设工作平台，将 X 射线机与被拍摄对象的距离抵近至 1m 之内。并将 IP 板装于暗袋之中，贴置于被拍摄对象的另一侧，尽量保证 IP 板的平整。对于正交拍摄的对象，需调整高度使 X 射线机的光源发生点与被拍摄对象保持水平，通过机器内置激光指示器调整姿态，使辐射中心指向 IP 板的对应位置，以满足辐射范围。在进行曝光时，工作区域和人员应处于 X 射线光源发射方向的背面。完成拍摄之后，将 IP 板取下，通过便携式 CR 电子成像机扫描 IP 板获得影像，同时使用设备内置的清除功能使 IP 板复原以进行重复拍摄。

拍摄获得的原始影像往往对内部信息显示不够完全和清晰，通常需初步判断其是否符合"曝光正常"的条件，以及影像是否准确、完整地获取了所需部位的信息，并遵循从整体到局部的原则对其进行进一步的图像处理与分析。本文利用专业 X 射线影像处理软件，对获取的无损格式图像进行优化处理，令影像画面整体明暗层次丰富，细节锐利，所要观察的内部榫卯结构边缘清晰可辨。

X 射线影像的外业作业工作时段严苛，且现场设置工作平台和调试设备的时间较长，暂无法对木塔五层所有柱头与补间铺作开展采样，因此，本次采集选择木塔正北侧的三朵斗栱，即两个柱头铺作（SY5-W2、SY5-W4）和一个补间铺作（SY5-W3）为对象开展尝试。本次作业针对上述对象共获得有效影像 12 张（表3-12）。依据不同拍摄部位，拍摄电压为 100～150kV，拍摄电流为 4.0mA，曝光时间为 60s 或 90s，拍摄距离为 80～100cm。

表3-12　X射线影像成像信息表

编号	拍摄对象	拍摄位置	拍摄方向	拍摄条件				备注
				电压/kV	电流/mA	曝光时间/s	拍摄距离/cm	
02	柱头铺作 SY5-W2	里跳小栱头与华栱	西向东	120	4.0	60	80	画面左侧可见栽销轮廓，边缘清晰
03		里跳华栱贴近泥道处	西向东	110	4.0	60	80	木纹可辨。画面底部可见栽销轮廓

编号	拍摄对象	拍摄位置	拍摄方向	拍摄条件				备注
				电压/kV	电流/mA	曝光时间/s	拍摄距离/cm	
06		栌斗与小栱头里跳	西向东	130	4.0	60	80	在优先保证"替木"处成像效果的前提下，栌斗部分由于厚度较大出现了曝光不足的情况。画面左上方可见栽销轮廓
08		栌斗、普拍枋和阑额、檐柱交接处	南向北	150	4.0	90	100	画面右上部分可见栽销轮廓，柱头部分由于厚度较大出现了曝光不足的情况
12		壁内小栱头与慢栱交接处（西侧）	南向北	110	4.0	60	85	栱身处曝光正常，栱眼壁处由于材质变化出现了曝光不足的情况。画面右上方出现轮廓清晰的较亮斑点
13	柱头铺作SY5-W2	壁内慢栱与散斗交接处（西侧）	南向北	110	4.0	60	85	内部榫卯轮廓可辨。栱眼壁处曝光不足
14		壁内慢栱与散斗交接处（西侧）	南向北	110	4.0	60	85	同上
16		壁内慢栱栱根处（栌斗上方西侧）	南向北	110	4.0	60	85	画面左侧中部及右下部可见栽销轮廓，榫卯边缘清晰可辨；中部出现轮廓清晰的较亮斑点，应为金属物及锈蚀痕迹，疑为弹壳
19		里跳小栱头与其上华栱交接处	西向东（斜向上）	110	4.0	60	85	画面下方中部可见栽销轮廓，左右边缘清晰，上边缘模糊且具一定宽度。栌斗处因厚度较大出现曝光不足
20	补间铺作SY5-W3	里跳华栱与交互斗交接处	西向东	110	4.0	60	85	画面上方可见交互斗与华栱交接处内部轮廓
21	柱头铺作SY5-W4	里跳小栱头与其上华栱交接处	西向东	110	4.0	60	85	画面中下部可见栽销轮廓
23		里跳华栱与交互斗交接处	西向东	110	4.0	60	85	栽销轮廓清晰

经技术处理后的影像可以读取丰富的隐蔽信息。兹将具有代表性者整理如下：

（1）构件的木材纹理。栱、枋等构件的木纹在沿水平向延伸，而局部叠加出现的规则垂直向木纹区域往往指向存在榫卯栽销。同时，斗栱构件表面的隐刻线条、木材存在的节疤、劈裂情况也都得到呈现。这些特征对于进一步定位内部榫卯位置和大小提供了一定的参照。

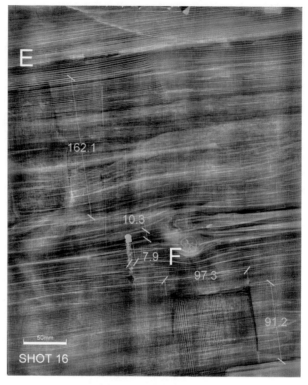

图3-11　SY5-W2泥道短栱与泥道栱处X射线影像

（2）构件内存在的其他材质物体。影像显示，柱头铺作SY5-W2泥道栱处有明亮斑点（图3-11），尾部伴有明显的浅色絮状痕迹。结合实物可以观察到泥道栱外表面有较明显的圆形孔洞，基本可以断定，斑点为射入的子弹弹壳残留，浅色絮状痕迹为子弹在弹道内部所造成的金属锈蚀。

（3）短栱与华栱间栽销连接。柱头铺作SY5-W2"短栱"里跳与其承托的华栱在靠近栌斗处由栽销连接固定（图3-12、图3-13、图3-14），栽销为顺木纹制作，正面呈长方形，下段栽入替木材广1/2处，上下段高度基本一致，且与卯口之间几无空隙，接触较为紧实。由图像可以观察到，栽销头部略小于底部，边缘锐利平整；或便于斗栱安装，头部呈略收束的弧线状。相应的，柱头铺作SY5-W4中"短栱"里跳与华栱的连接栽销与SY5-W2相同位置栽销形状与大小基本一致（图3-15），略有不同的是此处卯口与榫头之间的空隙较SY5-W2更大，并未紧密贴合。上述影像所体现的榫卯设置与山西万

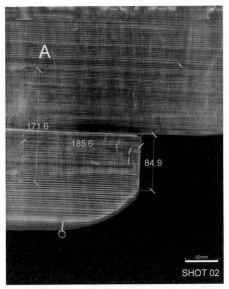

图3-12　SY5-W2短栱栽销（一）

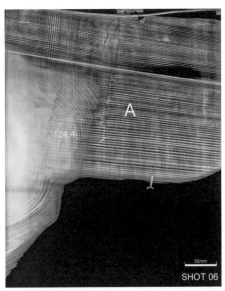

图3-13　SY5-W2短栱栽销（二）

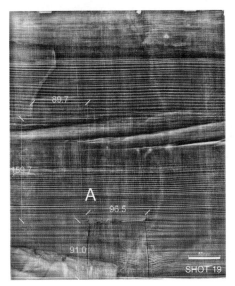

图3-14　SY5-W2短栱栽销（三）

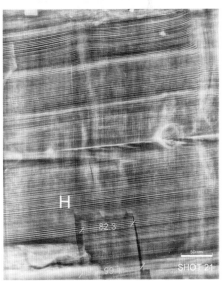

图3-15　SY5-W4短栱栽销

荣飞云楼一层外檐斗科替木处栽销情况非常相似（图3-16）[1]。

1. 徐怡涛. 山西万荣稷王庙建筑考古研究［M］. 南京：东南大学出版社，2016.

图3-16 山西万荣飞云楼一层外檐斗科"短栱"内部栽销

（4）栌斗底栽销。柱头铺作SY5-W2栌斗底的栽销在影像中呈长方形（图3-17），下段深入普拍枋中，连接较为紧实；上段深入栌斗底部，斗底开口较销子宽，右侧空隙较大。从这一构造现象推断，在木塔建造时，匠人应是先将木销栽于普拍枋之上，再进行栌斗的安装。栌斗底开口较大，一则似为安装之时微调留出空间，二则可能为长时间结构形变的应力导致。

由于X射线影像中读取厚度信息存在难度，栽销截面为方形或圆形暂无法判断。《营造法式》卷四"造斗之制"及卷三十"大木作制度图样"中未描绘栌斗底开卯做法，仅在"梁额等卯口第六"中绘有柱头方形榫头以及普拍枋间缝的方形卯口；而在实际案例中，栌斗底亦存在开圆形卯口的做法（图3-18）。从保证栌斗和结构不扭转变形的角度出发，栽销截面为方形具有一定合理性；而圆形卯口则有利于施工时的调整组装。

（5）栱与散斗交接。柱头铺作SY5-W2泥道栱与散斗的连接情况与法式不同（图3-19）。《营造法式》"泥道栱上施闇栔"于两端未绘有卯口，且"泥道上用"散斗底部也无卯口与泥道栱固定。与之不同的是，此处散斗底部依靠栽销固定在泥道栱上；除此之外，暗栔两端轮廓呈台阶状。经观察，相同做法在木塔其余部位也有出现，如柱头铺作华栱与交互斗连接处等。

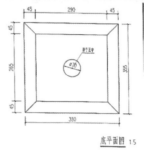

图3-17 SY5-W2栌斗底栽销X射线影像

图3-18 稷王庙栌斗底栽销情况

图片来源：徐怡涛. 山西万荣稷王庙建筑考古研究[M]. 南京：东南大学出版社，2016.

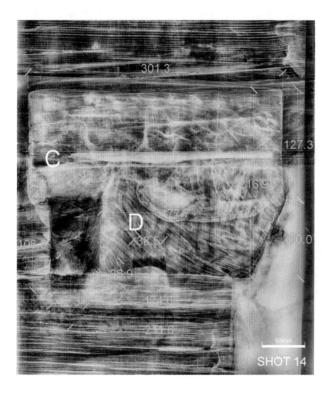

图3-19 SY5-W2泥道栱与散斗连接处X射线影像

3.3.3 旧照的线索

一切下文讨论的线索缘于今年对中国营造学社老照片的重新检视；检视的原因是想知道木塔现状复杂的姿态当中哪些是病害导致的，哪些是天生如此。于是，如何甄别一些结构"不对位"现象便成了当时既费力又有挑战性的工作，同时为新的解读可能带来机会。

引起我们强烈关注的是一张20世纪30年代的老照片和陈明达先生《应县木塔》一书中相同对象、更大范围的图版的对比。拍摄对象为木塔二层补间铺作里跳处（图3-20、图3-21）。虽年久斑驳难辨，但画面右上方的一处细节难以"粗暴"解释：木塔二层柱头铺作上方草乳栿与下昂后尾并未对正，后尾距离草乳栿明间内侧留有一定距离，而基本与草乳栿外表面取平。换言之，草乳栿向立面中心当心一侧偏移了一定距离。而一般情况下，草乳栿中线应与出跳构件中线保持一致。

为了确认这个现象是否具有普遍性，工作团队补充了现场调查，也借助现有测绘图纸进行比对。简而言之，现场重新采集的影像资料证实了偏移的存在，且存在于木塔八面中的各面。此外，草栿之上的平坐立柱也存在偏移设计，平坐柱脚叉接在草乳栿上两侧所留的厚度并不相等，明间一侧厚于次间一侧柱身偏向明间中心方向（图3-22）。草乳栿的偏移若是原始设计，似乎难以解释力学合理性和构造逻辑；此处若属受力歪闪变形所致，则难以解释此处构造为何呈现各面均向内错位的系统偏差。

图3-20　应县木塔二层补间铺作内侧

资料来源：20世纪30年代中国营造学社拍摄，中国营造学社纪念馆提供。

图3-21　木塔二层补间铺作内侧

资料来源：20世纪30年代中国营造学社拍摄，中国营造学社纪念馆提供。

木塔二层外槽明间内侧　　　　　　　　　　　　　　木塔二层外槽明间外侧

图3-22　木塔现状所反映的草栿、平坐柱偏移现象

注：图片由李大卫摄。

那么，历代测绘图对此有没有捕捉或记录呢？

经过仔细查阅，我们发现，"北测"所绘三层平坐梁架平面，存在一处显著的不合理现象——每面明间两组草乳栿呈外小内大的梯形。一般来说，梯形平面会给设计与施工带来不必要的难度，草乳栿的空间姿态不会如图纸所示（图3-23）如此放置；如果说为结构形变所致，则依然无法解释何以各向构件存在同样的姿态，此说难以令人信服。梯形的由来，是绘图者的误读：每面两个草乳栿末端间

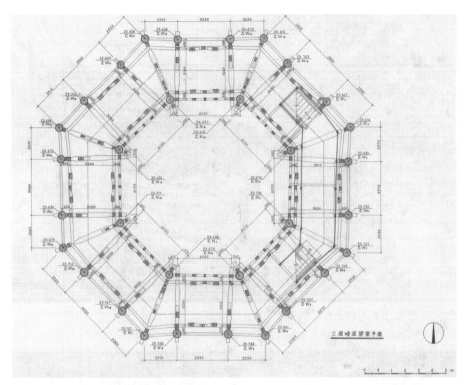

图3-23　"北测"三层平坐梁架平面图（局部）

距的测量尺度小，而外端间距的测量尺度默认为对应下层柱头铺作的间距；结合照片所示，真实的情况则是两根草乳栿外端相对于柱头铺作中线内移，总体关系保持平行。

　　结合各种史料、各个角度，讨论后可以判断，草乳栿向各面中心线方向略错动的现象是确实存在的，也是木塔原始设计的一部分。更进一步讨论，关键之处在于此处匠人的设计意图：

　　（1）明间面阔从二层到三层缩减尺度；

　　（2）缩减值一旦确定，则需要调整层间结构进行协调；

　　（3）明层、平坐层立柱侧脚设计无法满足缩减量；

　　（4）"调整草乳栿位置+调整平坐柱与草乳栿对位"的方案实属不得已而为之；

　　（5）存在明确的草乳栿对应明层柱的偏移量、平坐柱对应草乳栿的偏移量取值；

　　（6）最终，反过来，推算二层、三层面阔丈尺应将偏移量取值列入参考标准。

3.4 两套假说

3.4.1 木塔丈尺假说

3.4.1.1 总体思路

假说的引子自然是上文中对于二层草乳栿局部设计的新发现。假说的基础则来自大木作匠人对于"八棱"做法的认知，而假说的检验因素则可归结为以下六点：

（1）考虑到八边形的几何约束关系，木塔各层外槽、内槽开间尺度是否相对简明，尤其是二者差值是否呼应简明的"八棱"算法——即以5寸为公约数，精确到半尺。

（2）考虑到八边形的几何约束关系，木塔各层廊深是否呼应简明的"八棱"算法——即以6寸为公约数，或递减6寸或1尺2寸。

（3）各层外槽平面丈尺设计是否简明——考虑到草乳栿处的精细化设计，原始平面设计定然存在精确至半尺之外的最小公约数，须探求以寸、2寸、2寸5分之类精度的控制。

（4）考虑到八边形的几何约束关系，木塔各层内槽开间尺度设计是否简明。

（5）各层之间，实现木塔每层总面阔的外槽各开间逐层缩减值尺度设计是否简明。

（6）木塔逐层明层柱、平坐柱侧脚协助完成逐层尺度缩减，须考虑在内。

简单回顾上文中关于木塔用尺的众多探究，精确取值多少现并无定论。陈明达先生以宋尺32.9cm和30.9cm进行了核算[1]；傅熹年先生则以1尺=29.4cm进行权衡[2]，张十庆先生亦沿用。[3] 肖旻除沿用29.4cm尺长外，还尝试了30.7cm和31.5cm的可能性。[4] 一般认为，辽代（916—1125年）建筑营造尺应为"准唐尺"，即可参考唐代（618—907年）常用尺的取值范围。迄今为止，见诸于文献著录的唐尺实物资料共计40件，取值范围为290～318mm。[5] 然而，从现有研究看，唐以

---

1. 陈明达. 应县木塔 [M]. 北京：文物出版社，1966：44-45.
2. 傅熹年. 中国古代建筑外观设计手法初探 [J]. 文物，2001(1)：1, 74-89.
3. 张十庆.《营造法式》八棱模式与应县木塔的尺度设计 [Z]. 建筑史，2009, 25：1-9.
4. 肖旻. 山西应县木塔的尺度规律 [J]. 西南交通大学学报，2004（6）：56-58.
5. 邱光明，邱隆，杨平. 中国科学技术史：度量衡卷 [M]. 北京：科学出版社，2001.

后用尺逐渐趋长；辽、五代及宋初一些相关案例的研究也表明用尺情况普遍在300mm以上。[1]

3.4.1.2 从八棱比例出发

辽代营造尺承袭唐代尺度[2]，在现阶段对于唐代营造尺（取值范围为290～318mm[3]）以及现存辽代建筑尺度研究结论[4, 5]基础上，对于营造尺取值进行迭代尝试，在306mm的营造尺前提下，可以在吻和度较高的前提下得到对于木塔平面丈尺设计的解释，迭代过程从略。

首先，306mm的营造尺可以使得一至五层明层内外槽柱头平面面阔的差值呈整数尺（表3-13），该差值对于廊深尺度计算具有重要的意义——利用《营造法式》记载的"八棱"计算口诀，便于八边形递差深广6/5比例的运用，可以简明计算出木塔各层柱头平面廊深，分别为16.8尺、15.6尺、14.4尺、13.2尺、12.6尺。表3-13中，一至四层明层外内槽面阔差值复原值分别为14尺、13尺、12尺、11尺，二层数据吻合程度最低，亦达98.47%。五层因存在相对独立的特殊设计，外内槽面阔差值复原值为10.5尺，吻合程度为99.78%。

表3-13 木塔各层内外槽面阔差值丈尺情况简表

	外槽面阔均值 /mm	内槽面阔均值 /mm	差值 /mm	差值合 306mm 尺 /尺	复原值 /尺	吻合程度 /%
五层	8004	4798	3206	10.477	10.5	99.78
四层	8439	5044	3395	11.095	11	99.14
三层	8800	5074	3726	12.176	12	98.53

---

1. 参见：刘畅，刘梦雨，王雪莹. 平遥镇国寺万佛殿大木结构测量数据解读 [J]. 中国建筑史论汇刊，2012（1）：101-148. 刘畅，刘梦雨，张淑琴. 再谈义县奉国寺大雄殿大木尺度设计方法：从最新发布资料得到的启示 [J]. 故宫博物院院刊，2012（2）：72-88，162. 刘畅. 河北蓟县独乐寺观音阁大木尺度设计新探：《蓟县独乐寺》修缮工程公布数据的启发 [M] // 王贵祥，刘畅，段智钧. 中国古代木构建筑比例与尺度研究. 北京：中国建筑工业出版社，2011：227-237. 赵寿堂，刘畅，姜铮. 晋城崇寿寺释迦殿大木尺度与早期营建历史探微 [J]. 建筑史学刊，2023（1）：43-59.
2. 张十庆.《营造法式》八棱模式与应县木塔的尺度设计 [Z]. 建筑史，2009，25：81-82.
3. 邱光明，邱隆，杨平. 中国科学技术史：度量衡卷 [M]. 北京：科学出版社，2001：321-323.
4. 王贵祥，刘畅，段智钧. 中国古代木构建筑比例与尺度研究 [M]. 北京：中国建筑工业出版社，2011.
5. 刘畅，刘梦雨，张淑琴. 再谈义县奉国寺大雄殿大木尺度设计方法：从最新发布资料得到的启示 [J]. 故宫博物院院刊，2012（2）：72-88，162.

	外槽面阔 均值 /mm	内槽面阔 均值 /mm	差值 /mm	差值 合 306mm 尺 / 尺	复原值 / 尺	吻合程度 /%
二层	9148	5231	3917	12.800	13	98.47
一层	9553	5278	4275	13.971	14	99.79

同时，按照这个用尺核算木塔各层平面，则有：木塔明层外槽各面柱头通面阔自一层至五层依次为31.2尺、30尺、28.8尺、27.6尺、26尺，递差依次为1.2尺、1.2尺、1.2尺、1.6尺（表3-14）；木塔明层内槽柱头面阔自一层至五层分别为：17.2尺、17尺、16.8尺、16.6尺、15.5尺，递差依次为0.2尺、0.2尺、0.2尺、1.16尺（表3-15）；二层至五层平坐柱头通面阔依次为：30.2尺、29尺、27.8尺、26.2尺，递差依次为1.2尺、1.2尺、1.6尺（表3-14）。

需要补充说明，至于各层平坐，根据表3-14，以306mm尺长计，平坐柱脚相对于其下一层明层柱头沿对角线方向退进值自二层至五层分别为1.0尺、1.0尺、1.2尺、1.6尺，折合至面阔方向变化量则约为0.8尺、0.8尺、1.0尺、1.3尺，故本文据此将二层至五层平坐柱脚平面面阔值复原为30.4尺、29.2尺、27.8尺、26.4尺。

进而，深入到各明层立柱开间的面阔数据，按照306mm的营造尺计算，各层明间从一层至五层依次为13.8尺[1]、13.6尺、12.4尺、12.2尺、12尺。除二层至三层间骤减1.2尺外，其余各层间递减0.2尺；次间面阔从一层至五层依次为8.7尺、8.2尺、8.2尺、7.7尺、7尺，在二层至三层间无递减。各层各面面阔，明间、次间面阔复原值综合吻合程度均大于99%。

3.4.1.3 对旧照片线索的回应

特别值得注意的是，因为在二层、三层之间需要将每面通面阔从30尺调整为28.8尺，而二层每面明间13.6尺、次间8.2尺，次间已经相当狭窄且须在以上各层继续调整，明间便担负起了缩减面阔的主要任务。

---

1. 由于一层柱脚测值不准，本文根据一层柱高约3倍于二层、三层、四层、五层柱高的关系，侧脚值相应放大3倍，得到柱脚平面面阔31.8尺；此处仅依据柱高倍数关系简单推算；若考虑到底层平面可能取整的因素，此处也存在柱脚面阔为32尺的可能性。

表3-14 应县木塔各层开间划分丈尺复原表

位置	副阶–柱脚	副阶平坐–柱头	一层–柱脚	一层–柱头	二层平坐–柱脚	二层平坐–柱头	二层–柱脚	二层–柱头	三层平坐–柱脚	三层平坐–柱头	三层–柱脚	三层–柱头	综合吻合程度
明间均值/mm	4482	4443	4312	4158	4277	4270	4232	4164	3977	3856	3855	3749	
合尺/尺	14.66	14.53	14.11	13.6	13.99	13.97	13.84	13.62	13.01	12.61	12.61	12.26	
明间复原值/尺	—	—	14.4	13.8	约14	13.8	13.8	13.6	约12.8	12.6	12.6	12.4	
吻合程度/%	—	—	98.56	98.56	—	98.78	99.68	99.84	96.75	99.89	99.92	98.90	
次间均值/mm	4000	4055	2565	2705	2460	2531	2531	2492	2547	2529	2529	2526	99.20
合尺/尺	13.07	13.25	8.38	8.84	8.04	8.27	8.27	8.14	8.32	8.26	8.26	8.25	
次间复原值/尺	—	—	8.7	8.7	约8.2	8.2	8.2	8.2	约8.2	8.2	8.2	8.2	
吻合程度/%	—	—	98.39	98.39	—	99.13	99.13	99.31	99.72	99.21	99.21	99.33	
面阔均值/mm	12482	12554	9441	9553	9198	9320	9294	9148	9071	8914	8914	8800	
合尺/尺	40.79	41.03	30.85	31.22	30.06	30.46	30.37	29.9	29.64	29.13	29.13	28.76	
面阔复原值/尺	—	—	31.8	31.2	约30.4	30.2	30.2	30	约29.2	29	29	28.8	
吻合程度/%	—	—	99.94	99.94	—	99.15	99.43	99.65	98.48	99.55	99.55	99.85	

位置	四层平坐–柱脚	四层平坐–柱头	四层–柱脚	四层–柱头	五层平坐–柱脚	五层平坐–柱头	五层–柱脚	五层–柱头	综合吻合程度
明间均值/mm	3808	3781	3781	3680	3726	3697	3697	3655	
合尺/尺	12.46	12.37	12.37	12.04	12.19	12.09	12.09	11.96	
明间复原值/尺	约12.4	12.4	12.4	12.2	约12.3	12.2	12.2	12	
吻合程度/%	99.54	99.74	99.74	98.67	—	99.13	99.13	99.63	
次间均值/mm	2358	2364	2364	2379	2096	2186	2187	2174	四层 99.56
合尺/尺	7.71	7.73	7.73	7.77	6.85	7.14	7.15	7.1	五层 99.07
次间复原值/尺	约7.7	7.7	7.7	7.7	约7	7	7	7	
吻合程度/%	99.92	99.67	99.67	99.03	—	97.95	97.90	98.51	
面阔均值/mm	8524	8509	8509	8439	7919	8069	8071	8004	
合尺/尺	27.86	27.81	27.81	27.58	25.88	26.37	26.38	26.16	
面阔复原值/尺	约27.8	27.8	27.8	27.6	约26.3	26.2	26.2	26	
吻合程度/%	99.80	99.97	99.97	99.92	—	99.35	99.33	99.40	

注：1. 由于副阶开间划分不在本文复原讨论序列之内，故此处仅罗列实测值供参考，未做复原。

2. 一层明层柱脚实测尺寸可能存疑，本文仅做尝试性复原，未列入整体吻合程度评价。

3. 二层、五层平坐柱脚实测尺寸可能存疑，仅依假说做尝试性复原，未列入整体吻合程度之平均值。

4. 由红色复原数值（各层平坐柱脚数值）依本文假说为略零值，仅列该数据近似值供参考。

5. 综合吻合程度为各吻合程度之平均值。

表3-15　木塔各明层内槽面阔简表

位置	内槽 面阔均值 /mm	合尺 / 尺	内槽 面阔复原值 / 尺	吻合程度 /%
五层	4798	15.68	15.5	98.84
四层	5044	16.48	16.6	99.30
三层	5074	16.58	16.8	98.70
二层	5231	17.09	17	99.44
一层	5278	17.25	17.2	99.72

注：1尺=306mm。

如果不在二层草乳栿和三层平坐柱脚处对明间面阔进行调整，二层、三层间明间面阔1.2尺的递减量则全部需要通过三层平坐明间檐柱侧脚来实现。这对于高不足丈的平坐立柱来说无疑过巨，对整体结构的稳定性很不利。因此，通过草乳栿向明间一侧偏移和平坐柱脚向明间一侧偏移这两次构造微调，实现了1尺的差值，配合其上明层侧脚的2寸调整量，共同构成了明层柱头平面面阔的递差，这个做法无疑是一种并不引起视觉不快的巧妙手法。这个设计完美地呼应着前文（参见"3.3.3旧照的线索"）提到的旧照片表现出来的现状。

于是，在二层、三层过渡部分的明间，缩减索性一次到位，缩减值达到1.2尺；次间递减的手法保留给以上各层继续缩减通面阔值时再采纳便是。

然而，两次调整使得荷载在此处并非正心传导，会给结构稳定性带来一定影响，木塔现状二层处的较大歪闪或与此不无关系。

3.4.1.4 侧脚

还有一个无法回避的问题，就是关于各层立柱侧脚的认识。参考依据《营造法式》对于楼阁建造以及侧脚部分的描述如下："凡立柱并令柱首微收向内，柱脚微出向外，谓之侧脚。每屋正面（谓柱首东西相向者）随柱之长每一尺即侧脚一分；若侧面（谓柱首南北相向者）每长一尺即侧脚八厘，至角柱其柱首相向各依本法（如长短不定随此加减）。""若楼阁柱侧脚，只以柱上为则，侧脚上更加侧脚，逐层仿此。塔同"[1]。

对于八边形平面而言，在相邻两面的立柱侧脚保持一致才能确保营造连续收束的各层八边形。于是，对于8根角柱而言，在相邻侧面的侧脚/沿对角线内收距离=5/13；在相邻侧面的侧脚/进深方向侧脚=5/12。至于平柱，现有实测数据表明其倾斜姿态基本与角柱保持一致。侧脚的存在也能够在逐层平面内收尺度的基础上达到最终的内收设计值。

综合考虑加工便利和"以柱上为则"的想法，配合八棱比例进行推算，除了首层立柱柱脚不露明、侧脚难以测量之外，各层明层和平坐之平柱存在上文所述的侧脚，二者立面方向上向中倾侧之和为1寸，垂直立面方向上向平坐立柱倾侧为2.4寸，明层、平坐层角柱向塔心侧脚之和为2.6寸。每面相邻两明层通面阔1.2尺的面阔递差通过两部分来实现：明层柱头至其上平坐柱头面阔递减1尺，上层明层和平坐层柱脚至柱头一起，通过立柱侧脚再递减0.2尺。

当然，关于平坐侧脚方式，此处存在进一步探讨的空间。本研究中各平坐层柱脚平面开间尺寸由梁架平面图得到，柱头平面开间尺寸由斗栱仰视图中获得。而事实上，各层斗栱栽销插接在普拍枋上，并未与柱头直接相连；且由三层平坐可知，平坐柱脚亦存在不与下层明层斗栱对正的可能。故此种数据获取方式可能掩藏着真实的侧脚情况，也使得各平坐层侧脚设计存在着若干潜在解读。观察二层、四层、五层平坐柱脚平面明间实测值，均有大于下层明层明间柱头平面的现象。首先，这里有测量误差的可能。如此，将各平坐明间柱脚平面与柱头平面丈尺视为相等，即二层、三层、五层平坐平柱侧脚不调整明间开间；除去误差因素，此处仍无法排除原始设计中存在草乳栿故意错动或平坐柱脚微调而使平坐檐柱柱脚外扩的可能。如此，平坐平柱侧脚方式与明层保持一致。

综上所述，我们得到了全面表达这个假说的剖透视图（图3-24）。

---

1. 李诫. 故宫博物院藏清初影宋抄本营造法式［M］. 北京：故宫出版社，2017：173-174.

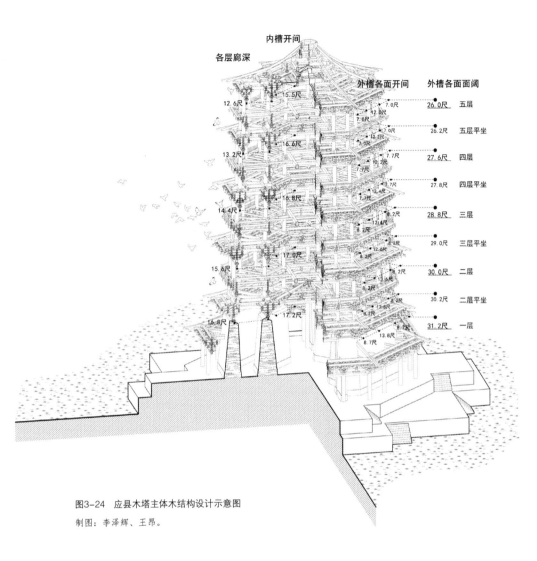

内槽开间

各层廊深

外槽各面开间 外槽各面面阔

15.5尺

12.6尺   7.0尺   26.0尺   五层
              12.0尺

              7.0尺   26.2尺   五层平坐

16.6尺   7.0尺
13.2尺   27.6尺   四层
              12.0尺
              7.7尺
                           27.8尺   四层平坐
16.8尺   7.7尺
14.4尺   12.4尺   28.8尺   三层

              8.2尺
                           29.0尺   三层平坐
17.0尺   12.6尺
15.6尺   8.2尺   30.0尺   二层

              8.2尺
              8.2尺   30.2尺   二层平坐
16.8尺   17.2尺
              8.2尺   31.2尺   一层
              13.8尺
              8.7尺

图3-24 应县木塔主体木结构设计示意图

制图：李泽辉、王昂。

3.4.2 木塔五层斗栱设计假说

在上一个假说的基础上，木塔五层的丈尺设计为各面通面阔26尺，其中明间广12尺、次间广7尺，内槽各面面阔15.5尺，廊深12.6尺。按照"北测""山测"数据衡量，吻合程度均达到98.5%以上，若以"清测"中手测的五层柱头平面面阔均值7974mm计，吻合程度更高，达到99.77%（表3-16）。

除此之外，由"北测"五层内外槽梁架横剖图可得塔刹高度实测数据：自脊槫上皮至刹座上皮共计3045mm，合10尺，吻合程度99.51%；自刹座上皮至刹顶共计9490mm，合31尺，吻合程度99.96%。

表3-16 木塔五层面阔与开间丈尺简表

	五层明间	五层次间	五层面阔	"清测"手测五层面阔
实测值均值 /mm	3655	2174	8004	7974
合尺 / 尺	11.94	7.10	26.16	26.06
复原值 / 尺	12	7	26	26
吻合程度 / %	99.54	98.51	99.40	99.77

注：1尺=306mm。

然而对于斗栱部分，现公布数据之中，仅"清测"成果覆盖面广、精度可供分析使用。故以此为基础展开下文研讨，推出以下假说；而研究着重希望回答的问题则是——营造尺寸、材分算法，哪一个能更好地解释木塔斗栱设计呢？

3.4.2.1 引子：屋架尺度

木塔五层屋架尺度需要计算五层柱头平面八边形之"径"——即《营造法式》"八棱径六十，其斜六十有五，每面二十有五"中之"径"。按照假说一，前后橑檐枋间距即为62.4尺+斗栱外檐总出跳值×2。

配合3.3.2.2中对斗栱出跳平均值的核算表推算可知，斗栱外跳总出跳值约计2.3尺（表3-17），因而凑足前后橑檐枋间距67尺。

表3-17 木塔五层外槽铺作出跳值情况表

位置	外一跳（补间）	外总出跳	内一跳（补间）	内总出跳
外槽柱头铺作 /mm	—	664.9	—	672.3
合尺 / 尺	—	2.17	—	2.20
外槽补间铺作 /mm	340.2	699.2	346.7	678.6
合尺 / 尺	1.11	2.28	1.13	2.22

注：1尺=306mm。补间铺作外总出跳值（黑色方框标注数值）由于样本量少，且二跳普遍受压向外旋转，导致测值偏大，此处仅做罗列，推算仅作为参考值。

3.4.2.2 基础：用材

木塔五层斗栱用材的材厚通过手工测量取得（表3-18、表3-19），单材和足材材广通过三维激光扫描取得；二者也得到了其他层有限采样数据的辅证。现阶段的数据反映：

（1）材厚测值离散程度较大，若将各处材厚折合尺寸来看，基本处于0.5～0.6尺之间。除去误差的因素，且华栱显著厚于横向拉扯的栱只。在实际施工中，存在匠人根据位置不同而选材施用的可能。

（2）五层铺作足材综合均值为368.7mm，单材综合均值259.3mm，以306mm尺长进行简单核算，分别约为1.2尺、8.5寸；足、单材实测值的比例为1.421，其比值最为接近21/15或20/14的比值关系，吻合程度分别为98.44%和99.53%。后者吻合程度更高，但目前仍然不能因此而确定原始设计。

表3-18 木塔五层外槽铺作材厚情况表

	短栱材厚	一跳华栱材厚	横栱材厚
转角铺作实测平均值/mm	172.6	172.3	162.6
合尺/尺	0.564	0.563	0.531
柱头铺作实测平均值/mm	170.6	169.7	165.6
合尺/尺	0.558	0.555	0.541
	一跳华栱材厚	二跳华栱材厚	横栱材厚
补间铺作实测平均值/mm	165.4	172.9	155.4
合尺/尺	0.541	0.565	0.508

注：1. 1尺=306mm。

2. 横栱系跳头位置横栱。

表3-19 木塔五层内槽铺作材厚情况表

	一跳华栱材厚	二跳华栱材厚	总平均值
补间铺作材厚实测平均值/mm	166.5	167.3	166.9
合尺/尺	0.544	0.546	0.545
转角铺作材厚实测平均值/mm	172.0	178.1	175.1
合尺/尺	0.562	0.582	0.572

注：1尺=306mm。

3.4.2.3 校核：用斗

五层外槽柱头铺作与补间铺作栌斗设计尺寸存在差别，其中柱头铺作栌斗较大；补间铺作栌斗较小，除底部安置有驼峰之外，还在斗口内置垫木，似为取得与柱头铺作栌斗相同的高度；整体木塔之上，散斗使用方法灵活，并随宜转变方向充当交互斗、齐心斗，五层散斗尺寸一并总结如表3-20所示。

表3-20　木塔五层外槽铺作栌斗、散斗尺寸均值情况表

位置	类别	水平向长度				竖向高度			
		上广	上深	下广	下深	斗耳	斗平	斗齐	总高
补间铺作栌斗	实测/mm	423.8	391.3	299.6	未及	81.8	76.5	112.8	271.1
	合尺/尺	1.38	1.28	0.98	—	0.27	0.25	0.37	0.89
柱头铺作栌斗	实测/mm	552.6	未及	387.3	未及	137.4	77.9	151.4	366.7
	合尺/尺	1.81	—	1.27	—	0.45	0.25	0.49	1.20
散斗	实测/mm	297.9	272.7	206.7	191.1	107.7		75.6	183.3
	合尺/尺	0.97	0.89	0.68	0.62	0.35		0.25	0.60

注：1尺按306mm计算，分析过程见下文。因设计、布站等客观原因无法测得的数据，用"未及"来表示。相应数据的计算值如果未及，则用"—"来表示。

除此之外，笔者还对一层至四层部分散斗尺寸进行了补充，情况见表3-21。

表3-21　应县木塔一层至四层各层散斗尺寸情况表

位置	采样量/个	类别	上广	上深	下广	下深	斗耳+斗平总高
一层外槽	8	实测/mm	295.3	279.5	无	无	无
		合尺/尺	0.965	0.913	—	—	—
二层外槽	24	实测/mm	290.0	263.0	无	无	无
		合尺/尺	0.948	0.859	—	—	—
二层内槽	2	实测/mm	295.0	273.0	无	无	100.8
		合尺/尺	0.964	0.892	—	—	0.329
三层内槽	5	实测/mm	292.8	276.0	无	无	无
		合尺/尺	0.957	0.902	—	—	—
三层外槽	3	实测/mm	293.0	无	无	无	107.5
		合尺/尺	0.958	—	—	—	0.351
四层外槽	4	实测/mm	294.3	258.0	204.0	无	102.5
		合尺/尺	0.962	0.843	0.667	—	0.335

注：1尺=306mm。

原理上可测得，但因各种原因未测的数据。用"无"来表示。对应计算值用"—"来表示。

3.4.2.4 再校核：栱长

材分°思想是否在木塔大木设计与加工中得到应用，仍需结合各项实测数据来综合考量。因此需要结合栱长与斗件加工尺寸数据，基于306mm用尺与分°

情况进行核算，并对其吻合程度进行对比讨论。笔者针对五层外槽柱头与补间铺作补充了部分栱长测值，并以306mm用尺与1分°＝0.6寸核算得到栱长情况，如表3-22所示。

表3-22　五层外槽柱头与补间铺作部分栱长尺寸表

外槽柱头铺作	泥道短栱	瓜子栱长	泥道栱长	令栱
实测值均值 / mm	978.5	1039.8	1525.5	1047.1
合尺 / 尺	3.20	3.40	4.99	3.42
尺复原值 / 尺	3.2	3.4	5	3.4
吻合程度 / %	99.93	99.94	99.71	99.36
合分° / 分°	53.3	56.6	83.1	57.0
分°复原值 / 分°	53	57	83	57
"栱心长"复原值 / 分°	—	46	72	46
吻合程度 / %	99.44	99.36	99.89	99.94

外槽补间铺作	泥道栱长	隐刻慢栱长	替木长	泥道短栱长	令栱长	翼形栱长	驼峰长
实测值均值 / mm	1333.4	2081.3	1090.2	767.9	1042.6	896.9	1140.4
合尺 / 尺	4.36	6.80	3.56	2.51	3.41	2.93	3.73
尺复原值 / 尺	4.4	6.8	3.5	2.5	3.4	3	—
吻合程度 / %	99.03	99.98	98.21	99.62	99.79	97.70	—
合分° / 分°	72.6	113.4	59.4	41.8	56.8	48.9	62.1
分°复原值 / 分°	73	113	60	42	57	50	62
"栱心长"复原值 / 分°	62	102	—	—	46		
吻合程度 / %	99.49	99.68	98.97	99.58	99.63	97.70	99.82

　　初步观察可以发现，各栱长值几乎都显示出与整尺（寸）较好的关联性。其中，部分栱长值呈现整（半）尺：外槽柱头铺作泥道栱长约5尺；外槽补间铺作泥道短栱长约2.5尺，翼形栱长约3尺，替木长约3.5尺。

　　同时，借助外槽斗栱扶壁栱处三维激光扫描点云中各栱与散斗的相对位置关系进一步考察，以栱上安斗的位置计算"栱心长"，可以发现栱心长分°值之间的简明换算关系，栱只从长到短（补间铺作隐刻慢栱、柱头铺作泥道栱、补间铺作泥道栱、瓜子栱和令栱）分别对应102分°、72分°、62分°、46分°。

继续引申，以分°衡量斗栱设计还使得栌斗上广略小于1.4尺，散斗上广略小于1尺的数据畸零现象得到了很好的解释：即柱头、补间铺作栌斗和散斗上广以7分°为级差，分别为30分°、23分°、16分°。

3.4.2.5 内部榫卯尺度

研究团队采用数字化的计算机X射线成像技术（CR）来进行数据采集，在保证图像质量的同时，也能兼顾工作效率和经济成本。探伤设备为德国YXLON公司生产的便携式X射线探伤机，型号为YXLON SMART EVO 300D，高压范围为50-300kv，工作电流为0.5～4.5mA。内置激光灯清晰指示辐射范围和中心位置。拍摄作业之后采用便携式CR电子成像系统获取拍摄影像，设备型号为Durr HD-CR35。所采用的IP板规格为430mm×350mm，可重复使用，不需要暗室和化学试剂，缩短了曝光和处理时间，有助于提高现场工作效率。使用设备配套的D-Tect软件可以进行影像初步预览和优化，并归档数字信息。

由于X射线影像的外业作业工作时段严苛，且现场设置工作平台和调试设备的时间较长，暂无法对木塔五层所有柱头与补间铺作开展采样。因此，笔者选择木塔正北侧的三朵斗栱，即两个柱头铺作和一个补间铺作为对象开展尝试。本次作业针对上述对象共获得有效影像12张。利用专业医学图像处理软件对X射线图像进行测距可以得到榫卯的影像尺寸。因目标对象与IP板存在一定距离时，影像中的尺寸会略大于实际尺寸，所以需要基于相似三角形原理，影像中量取的榫卯尺寸与斗栱构件外部尺寸的比值约等于实际榫卯尺寸与斗栱构件外部尺寸的比值，在已知三者的情况下可以等比例推导榫卯实际尺寸。估算结果整理如表3-23所示。

由于影像中难以获得厚度信息，暂无法完成对榫卯的全面描述；但从掌握的数据可以推测如下：

（1）短栱与华栱、泥道栱之间的栽销在尺寸上差异不大，应系统一考虑。综合来看，短栱栽销长约5寸，宽约3寸（5分°），外边缘距离短栱端边缘约10分°；泥道栱与暗栔间栽销与之尺寸相仿。

表3-23　榫卯尺寸估算表

斗栱	位置编号	类别	图测尺寸/mm	折合306mm尺/尺	换算尺寸/mm	折合306mm尺/尺	折合分°/分°
柱头铺作（SY5-W2）	里跳小栱头栽销-A	长	160.60	0.52	150.96	0.49	8.22
		上宽	97.50	0.32	91.65	0.30	4.99
		下宽	114.70	0.37	107.82	0.35	5.87
		距短栱端	185.60	0.61	174.46	0.57	9.50
	注：换算系数为0.94						
	栌斗底栽销-B	长	191.30	0.63	151.13	0.49	8.23
		宽	103.40	0.34	81.69	0.27	4.45
		上埋深	113.50	0.37	89.67	0.29	4.88
		下埋深	67.10	0.22	53.01	0.17	2.89
	注：换算系数为0.79						
	泥道短栱与泥道栱栽销-F	上宽	97.30	0.32	92.44	0.30	5.03
		上埋深	91.20	0.30	86.64	0.28	4.72
	注：换算系数为0.95						
	泥道栱与暗栔栽销-E	长	162.10	0.53	152.38	0.50	8.30
	注：换算系数为0.94						
	泥道栱与散斗交接处-C	下边广	174.00	0.57	—	—	—
	散斗底栽销-D	销子宽	38.50	0.13	36.58	0.12	1.99
		散斗底卯口深	28.90	0.09	27.46	0.99	1.50
	注：换算系数为0.95						
补间铺作（SY5-W3）	华栱里跳与散斗交接处-G	华栱承交互斗底广	186.50	0.61	—	—	—
柱头铺作（SY5-W4）	里跳小栱头栽销-H	上宽	82.30	0.27	77.36	0.25	4.21
		下宽	99.10	0.32	93.15	0.30	5.07
	注：换算系数为0.94						

注：黑色方框标明数据表示可能为取整值。

（2）外槽柱头铺作栌斗底栽销长约 5 寸、宽 2.7 寸（4.7 分°）；插入栌斗底约 3 寸。

（3）外槽补间铺作华栱里跳承交互斗处底长约 5.7 寸（约 10 分°）。

（4）外槽柱头铺作泥道栱端与散斗底的栽销宽约 1.2 寸（2 分°）、散斗底卯口深约 1 寸（1.5 分°）。

3.4.2.6 小结与讨论

综合上文分析，本文有关应县木塔五层设计的假说可以主要归结为以下几点：

（1）应县木塔五层设计中丈尺设计与材分°的控制同时存在。具体而言，五层开间（朵距）、屋架平长、出跳值（华栱长）以丈尺定广；在满足丈尺控制的大比例关系情况下，涉及斗栱栱长与斗的设计则以材分°制度配合。

（2）木塔五层外槽斗栱足材广 1.2 尺（20 分°）、单材广约 0.84 尺（14 分°）；材厚值离散较大，处于 0.5 尺至 0.6 尺之间，或存在多种材厚设计。

此外，结合木塔一层至四层面阔递差"1.2 尺"的假说，足材广"1.2 尺"在斗栱竖向高度划分、栌斗高、横栱栱长、散斗水平间距等多处的重复应用也值得关注，或有助于进一步破解木塔整体设计的密码。

需要指出的是，现阶段的研究仅以五层实测数据尝试推测木塔设计的材分°设计是具有一定风险的。受限于数据量和工作进度，我们暂无法对木塔设计进行较为全面的解读；在未来研究中，除了进一步审视数据的科学性以外，或还需与各层实测综合校验并引入相关案例进行对比讨论。

3.5 木塔结构康复工作的路径展望

应县木塔的保护研究是一项综合性系统工程，涉及建筑本体、安全监测预警、公众舆情等诸多方面。就建筑本体而言，大木主体结构的内部构造、隐蔽病害、劣化累积、剩余强度等因素是造成木塔当前病害的重要原因，是木塔保护前期勘察中不可回避的任务。本组工作聚焦于上述问题中木塔大木结构"生理问题"——原始设计的基本尺度、榫卯设计，描述病人在健康状况下的身高、体重、骨骼关系和骨骼中的关节，无论是否需要手术还是理疗，这些基本信息都是最基本的，绝对不能忽略。

当然，在回答这些问题之后，仍然不能——即使是最粗浅地——指出木塔未来可能修缮需要进行的治疗手段，中间的缺环是诊断，是发现病理问题以及之后的药理方案。

具体而言，我们大致形成了一个针对下一步工作的计划：

（1）完善"生理模型"。

（2）完成"病体模型"；对比生理模型，明确局部应变、累积应变量。

（3）从局部应变和累积应变量出发，逆推病害影响，并找到骨科病害的各个集中点。

（4）建立病床、病房。

（5）在适当的"医院设施"的支持下，结合最新剩余质量和内部构造探查技术，考察这些病害集中点的剩余强度。

（6）研究扶正、局部加固、落架修缮等各种可能方案对于木塔综合价值保护的优劣，进行价值、风险双评估，选定最终保护方案。

参考文献

[1] 伊东忠太. 北清建筑调查报告 [J]. 建筑杂志，1902，189（9）：253-284.

[2] 梁思成. 山西应县佛宫寺辽释迦木塔[M]// 梁思成. 梁思成全集：第十卷. 北京：中国建筑工业出版社，2007：6-118.

[3] 李诫. 故宫博物院藏清初影宋抄本营造法式 [M]. 北京：故宫出版社，2017.

[4] 陈明达. 应县木塔 [M]. 北京：文物出版社，1966.

[5] 侯卫东，王林安，永昕群. 应县木塔保护研究 [M]. 北京：文物出版社，2016.

[6] 王天. 古代大木作静力初探 [M]. 北京：文物出版社，1992.

[7] 李铁英，魏剑伟，张善元，等. 木结构双参数地震损坏准则及应县木塔地震反应评价 [J]. 建筑结构学报，2004（2）：91-98.

[8] 李铁英，魏剑伟，李世温，等. 应县木塔扭转振动特性和地面强迫振动试验与分析 [C]// 崔京浩. 第16届全国结构工程学术会议论文集：第3册. 太原：中国力学学会工程力学编辑部，2007：357-364.

[9] 李铁英，魏剑伟，张善元，等. 应县木塔实体结构的动态特性试验与分析 [J]. 工程力学，2005（1）：141-146.

[10] 魏剑伟，李世温. 应县木塔地震影响分析 [J]. 太原理工大学学报，2003（5）：601-605，609.

[11] 李铁英，张善元，李世温. 古木塔风压模型试验分析［J］. 实验力学，2002（3）：354-362.

[12] 李铁英，张善元，李世温. 应县木塔风作用振动分析［J］. 力学与实践，2003（2）：40-42.

[13] 魏德敏，李世温. 应县木塔残损特征的分析研究［J］. 华南理工大学学报（自然科学版），2002（11）：119-121.

[14] 张舵，卢芳云. 木结构古塔的动力特性分析［J］. 工程力学，2004（1）：81-86.

[15] 王林安. 应县木塔梁柱节点增强传递压力效能研究［D］. 哈尔滨：哈尔滨工业大学，2006.

[16] 王智华. 应县木塔斗栱调查与力学性能分析［D］. 西安：西安建筑科技大学，2010.

[17] 陈志勇. 应县木塔典型节点及结构受力性能研究［D］. 哈尔滨：哈尔滨工业大学，2011.

[18] 肖碧勇. 应县木塔斗栱解读及二层明层柱头斗栱传力机理研究［D］. 长沙：湖南大学，2010.

[19] 米晓琛. 应县木塔损伤分析及材性微观劣化与保护研究［D］. 太原：太原理工大学，2021.

[20] VALERIE D. Solvent gels for the cleaning of works of art[M]. Los Angeles : Getty Publications, 2004.

[21] 傅熹年. 中国古代建筑外观设计手法初探［J］. 文物，2001（1）：1，74-89.

[22] 张十庆. 《营造法式》八棱模式与应县木塔的尺度设计［Z］. 建筑史，2009，25：1-9.

[23] 肖旻. 山西应县木塔的尺度规律［J］. 西南交通大学学报，2004（6）：815-818.

[24] 张毅捷，叶皓然，韩效. 对应县木塔1962年实测数据的再分析[J]. 西部人居环境学刊，2018，33（4）：80-85.

[25] 刘国梁. 佛宫寺释迦塔现状测绘的控制测量［J］. 北京建筑工程学院学报，1995（1）：65-70.

[26] 徐怡涛. 山西万荣稷王庙建筑考古研究［M］. 南京：东南大学出版社，2016.

[27] 邱光明，邱隆，杨平. 中国科学技术史：度量衡卷［M］. 北京：科学出版社，2001.

[28] 王贵祥，刘畅，段智钧. 中国古代木构建筑比例与尺度研究［M］. 北京：中国建筑工业出版社，2011.

[29] 刘畅，刘梦雨，张淑琴. 再谈义县奉国寺大雄殿大木尺度设计方法：从最新发布资料得到的启示［J］. 故宫博物院院刊，2012（2）：72-88，162.

4

造像组

史孙明　高珊　赵峰

千年的神祇，

一定试穿过千年的衣装。

千年的裁缝，

一定采买过千年的针线。

迟早到来的流星雨，

注定洗去尘封在针脚里的记忆。

在一切感伤启程之前，

用我们的显微镜，

预写一段更无奈的感伤。

开展应县木塔研究的几十年来，学者们的视线更多聚焦于其大木结构层面，对于木塔营造尺度、结构稳定性、保护方案的研究和讨论不胜枚举。与之相比，木塔佛塑的研究深度和系统性仍具有一定的发展空间。

陈明达先生在1962年调研应县木塔后，于《应县木塔》一书中对塔内现存佛塑有如下评价[1]：

"……这些塑像累经后代装銮，已经失去了本来面貌，对于古代艺术遗产也算是个小小的损失。惟其中第一层大佛及佛座各角的力神，第四层的两个菩萨的坐骑和普贤像，保存较好，还可以看出辽代塑像的原意。……"

此后，学者们对于佛塑的讨论大都围绕其断代展开，同时也有部分论著将其默认为建塔即塑的辽代原物，并基于此对辽代佛教、塑像与建筑相关性等问题做进一步讨论。那么，当我们此次面对这26尊饱经沧桑又承载着人们精神寄托的珍贵彩塑时，我们的关注点应该有哪些，我们最终的研究目的又应该是什么呢？

北京故宫博物院在2020年举办的"敦行故远"展中曾展出了一尊菩萨残塑，塑像自上而下、自内而外地向我们立体化展示了传统彩塑工艺，它或许能够直观地表达出我们对于研究方向选取的一些思考——在上百年的历史变迁中，塑像的结构层和表面涂层往往会保留更多、更有说服力的历史信息。而我们的研究目的，一方面是尽可能地探究佛塑保留的历史信息和时代特征，另一方面则希望能够为佛塑的保护提供依据。因此，作为文物的"医生"，对于此次看诊，我们决定基于实际条件，从"皮肤科"入手，聚焦于佛塑表面妆金，明确其生理构造，完善病人的"病历"，为未来病理、药理的研究打下基础，同时也为后续的看诊探路（图4-1～图4-5）。

那么，木塔佛塑的营造历史是怎样的？已有的研究结论是什么？我们上述的研究假设是否合理？若其不是辽代原物，我们的研究又要如何进行？……我们将在下文中对上述问题逐一进行解答。

1. 陈明达. 应县木塔［M］. 北京：文物出版社，1980.

一层佛塑现状照片（来源：作者自摄）

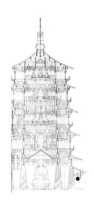

应县佛宫寺释迦塔一层佛塑位置

一层佛塑照片（来源：陈明达《应县木塔》）

图4-1　一层释迦牟尼佛

二层佛塑现状照片（来源：作者自摄）

应县佛宫寺释迦塔二层佛塑位置

二层佛塑照片（来源：陈明达《应县木塔》）

图4-2　二层华严三圣及胁侍菩萨

三层佛塑现状照片

应县佛宫寺释迦塔三层佛塑位置　　　三层佛塑照片（来源：陈明达《应县木塔》）

图4-3　三层四方佛

四层佛塑现状照片（来源：作者自摄）

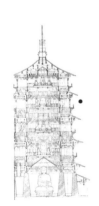

应县佛宫寺释迦塔四层佛塑位置

四层佛塑照片（来源：陈明达《应县木塔》）

图4-4　四层华严三圣及弟子像

五层佛塑现状照片（来源：作者自摄）

应县佛宫寺释迦塔五层佛塑位置

五层佛塑照片（来源：陈明达《应县木塔》）

图4-5 五层大日如来及八大菩萨

4.1 文献与图像学分析下的研究意义

有关木塔佛塑的早期记录见于塔内匾记、牌记、地方志、寺内碑记等，综合上述资料，可能与佛塑相关的详细营建、修缮情况如下：

1056 年　辽清宁二年　特建应州宝宫寺塔（田志卷二营建志）

1193 年　金明昌四年　增修益完（田志卷二营建志）

1195 年　金明昌六年　增修益完（释迦塔匾）

1320 年　元延祐七年　重建（释迦塔匾）

1323 年　元至治三年　妆金诸佛（田志卷二营建志）

1436 年　明正统元年　七月吉日重妆（释迦塔匾）

1471 年　明成化七年　七月吉日功德主阎福贵重妆（释迦塔匾）

1508 年　明正德三年　修补（田志卷二营建志）

1517 年　明正德十二年七月十五日重装佛像（在第二层南边东面乳栿下有牌匾名）

1579 年　明万历七年　重修（田志卷二营建志）

1722 年　清康熙六十一年　上下佛像重加妆口（重修释迦塔记，南月台西端）

1786—1787 年　清乾隆五十一年至五十二年　重修、出资修葺（"重新真会"匾序、附阶南面西端乾隆五十二年重修碑记）

1866 年　清同治五年大规模重妆佛像（第三层南面西乳栿下牌记：妆修佛像；四层南面西栿下牌记：修诸佛法像补塑金身莲坐；五层南面西角乳栿下牌记：补塑金身；附阶南面东段重修佛宫寺碑记：补塑神像彩画）

1887 年　清光绪十三年　重妆二檐佛像坐下暗檐中椽损坏（二层南面西乳栿下牌记）

1894 年　清光绪二十年　重贴金神彩妆佛像一殿（二层内槽南面西立颊上牌记）

1908 年　清光绪三十四年　重妆释迦佛金像（一层内槽南门西立颊上牌记）

1928 年　民国十七年　世荣等慨然有重修之志于是邀集绅商各界募款兴工约两月工程告竣檐台柱焕然一新（五层内槽南面重修序）

1929 年　民国十八年张翁士荣等皈依佛法好善心纯提倡重修……佛像金身焕然一新（二层内槽北面重修匾记）

1974—1977 年　木塔修缮同时对佛像进行修缮补配，从保存现状来看表面未重绘

其中，关于佛塑最早的记载见于明万历二十七年（1599年）田蕙撰《重修应州志》（下文统称《田志卷》）二卷·营建志·佛宫寺一节：

"……至治三年英宗硕得八剌皇帝幸五台山经过登塔令释放金城县狱囚敕彰国军节度使妆金诸佛建立道场三日……"

由此可见，至少在元至治三年前佛塑就已存在于塔内，但具体的成塑时间却未见记载，那么我们现在所见的佛塑是何时置于塔内的呢？这也是近年来大量学者关注应县木塔佛塑断代的主要原因之一。关于该问题，主要有三种不同的观点。祁英涛认为木塔始建至"增益修完"时间跨度较大，且二层、三层、四层无藻井，不排除辽塔金像的可能[1]。张畅耕等对佛塑内部掉落木块进行了碳14考订，结果显示，木塔三层佛塑可能为辽清宁时期所作，而四层年代稍晚，可能为金代所作，四层主像内秘藏文物的金"天会"（1123—1136年）题字似乎进一步验证了这个结论。结合时代背景，在辽道宗和天祚帝时期，木塔所在宝宫寺是辽西京大同府的大寺院，一层无佛像的可能性较小，因此张畅耕等认为塔内一层、二层、三层佛塑为辽代原作，四层、五层为金代"增益修完"[2,3]。以尤李为代表的研究者们从辽代密教振兴、显密融合的宗教体系以及辽道宗时代华严思想兴盛的背景出发，对佛塑整体布局进行分析，推测现存木塔塑像为辽代原有布局，只是进行了后代加塑[4]（图4-6）。在不同学者文献分析的基础上，我们也从

1. 祁英涛，李世温，张畅耕. 山西应县释迦塔牌题记的探讨［J］. 文物，1979（4）：26-30.

2. 张畅耕，左雁，马福星. 应县木塔后加构件的装设年代［C］//山西省考古学会，山西省考古研究所. 山西省考古学会论文集（二）. 太原：山西人民出版社，1994：245-247.

3. 张畅耕，毕素娟，郑恩淮. 山西应县佛宫寺木塔内发现辽代珍贵文物［J］. 文物，1982（6）：1-8+97-101.

4. 尤李. 应县木塔所藏《入法界品》及其相关问题考论［J］. 山西档案，2013（6）：27-32.

图4-6 现存佛塑布局

图像学的角度对木塔现存佛塑特征进行了研究。

山西省全境现存保存状况较好彩塑的寺观共43座，我们将现存宋、辽、金时期彩塑的寺观按照彩塑年代进行了整理，如表4-1所示。考虑到地理因素对彩塑造像的影响，我们重点对比晋北地区寺观内彩塑形态发现，木塔内现存佛像、部分菩萨像头部特征虽已失早期塑像肉髻相对宽阔平坦、面部方中带圆等特征，但在结构比例上仍呈现辽、金时期塑像身型笔直挺拔、肩宽壮硕、较唐代略长、整体飘逸大气等特征。衣着服饰方面，佛像腿部多有垂直于地面方向的褶皱，并雕刻有明显曲蛇纹样，与木塔内所出的经首佛画《大法炬陀罗尼经卷十三》和画本《炽盛光佛》特征相近；多数佛塑所着右肩半披式袈裟亦多与现存辽代佛塑弧线形片状结构类似，不似金代佛塑衣着多重褶皱或衣边呈内外翻转状。而菩萨像带甲胄、披云肩或二者同时穿着的造型与同时期塑像相似，展现了菩萨所具有的军事力量。除此之外，木塔内大量佛像下带叠涩须弥座造型比例、束腰处承托伏兽等特征也可在辽代晋北地区佛塑中找到相近实例。因此，综合上述研究与图像学分析，我们认为现存佛塑可能为

表4-1　山西省宋、辽、金时期彩塑所在寺观位置

寺观位置	寺观名称	彩塑年代
大同	华严寺	辽
	善化寺	金
朔州	应县佛宫寺	辽
	崇福寺	金
忻州	岩山寺	金
	佛光寺	金
	洪福寺	金
太原	晋祠	宋
	净因寺	金
	圣寿寺	宋
晋中	慈相寺	金
	狐突庙	金
长治	崇庆寺	金
	法兴寺	宋
晋城	玉皇庙	金
	青莲寺	宋
运城	白胎寺	金
	余庆寺	宋
	大佛寺	金

辽代原有布局，头部、手臂经多次更改，但部分衣着特征、整体形态仍保留有早期佛塑特征（图4-7～图4-9）。

在元至治三年（1323年）至1977年最后一次修缮的600余年间，明确记载对佛像有所改动的修缮共有9次，其中提及妆金5次（如图4-10所示），但清光绪二十年（1894年）、清光绪三十四年（1908年）可能仅修缮部分塑像。因此，现存表面妆金、装彩可能为清同治至民国年间所做。结合文献、图像学分析结果，依据佛塑重妆普遍做法，若修缮时未对前次彩绘／妆金层进行彻底打磨处理，则可能存在表面涂层叠加情况。

金
崇福寺弥陀殿
阿弥陀佛像

辽   金
下华严寺薄伽教藏殿明间   善化寺大雄宝殿
释迦佛像   明间毗卢佛像

应县木塔四层释迦佛像   金
                        洪福寺
                        释迦佛像

图4-7　晋北地区辽、金时期佛塑与木塔佛像（1962年）对比

金
崇福寺弥陀殿
胁侍菩萨像

辽
薄伽教藏殿明间
菩萨像

金
洪福寺
文殊菩萨像

应县木塔四层普贤像
应县木塔五层西南面菩萨像

图4-8　晋北地区辽、金时期菩萨像与木塔菩萨像（1962年）对比

图4-9 莲座束腰伏兽形式对比

左：木塔三层南方佛（1962年）；右：薄伽教藏殿明间菩萨像。

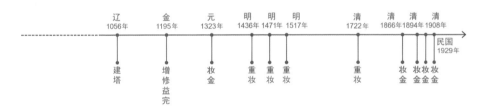

图4-10 佛塑修缮记录

由此，可以肯定的是，我们现今所见的木塔佛塑并非辽、金时期的佛塑原貌，但其表面彩绘、贴金层却有可能保留了连续、可追溯的历史信息。通过对表面涂层的分析，我们能够相对直观、准确地认识历次修缮过程及工艺材料，从而对未来保护方案的制定和晋北地区造像工艺研究起到指导作用。因此，我们认为应县木塔佛塑表面妆金研究具有一定的意义和必要性。

4.2 应县木塔佛塑现状

4.2.1 佛塑概况

应县木塔内共保存彩塑26尊，每层依相应主题进行布局。现将佛塑形制、保存状况逐层概述如下，同时展示部分彭华士于1962年拍摄照片以示近60年间的佛塑变化。

4.2.1.1 一层释迦牟尼

释迦牟尼结跏趺坐于八边形须弥座莲台之上，莲座三层仰莲瓣，由盘龙立柱及力士承托。佛塑螺发、肉髻高大，髻中镶宝珠，双耳下垂，有环形长耳洞。圆脸，眉间白毫，眉毛平缓，双目微睁，鼻梁细直，鼻翼略宽，双唇紧闭，面容端庄。嘴角及下巴处绘有胡须，颈部短粗。右手施说法印，左手作与愿印。胸部袒露，由内到外共三层佛衣：内着僧祇支，中层为敷搭双肩下垂式袈裟，外着半披式袈裟。佛像胸部、头部、手部等多处存在有明显修补痕迹，螺发、服饰色彩艳丽（图4-11）。

图4-11　木塔一层释迦牟尼佛

注：彭华士1962年摄。

4.2.1.2 二层华严三圣及胁侍菩萨

二层佛坛木质方形，坛上为一佛四菩萨。主尊佛居中，左右为二胁侍菩萨，前端两侧为文殊、普贤菩萨（图4-12、图4-13）。

主尊佛结跏趺坐于八角形须弥座上，须弥座平面呈八边形，上下各叠涩二重，束腰处四正面伏象，座上仰莲三层，皆由后期彩绘。右手施触地印，左手施禅定印。螺发、肉髻高大，髻中镶宝珠。胸部袒露，由内到外共三层佛衣：内着僧祇支，中层为敷搭双肩下垂式袈裟，外着半披式袈裟，袈裟边缘有彩绘花纹。面部、胸部补塑痕迹明显。

文殊、普贤菩萨面相、着装等较为相似，体态丰腴，束发戴冠，宝缯垂肩。面相方圆，外披帔帛，胸配璎珞，手戴腕钏，着长裙，腰间系带，神态慈祥，菩萨像色彩、形貌皆有后期装彩，头部为后期补塑。特殊之处在于文殊菩萨为四臂形象。文殊、普贤二菩萨的莲花座较为特殊，下层为方涩两重，平面

图4-12　二层华严三圣及胁侍菩萨

注：彭华士1962年摄。

图4-13　二层佛塑整体三维扫描

有16瓣，每瓣呈弧形，较为细致灵动，上无叠涩，直接承托三层仰莲，中间束腰部位各有其伏兽，有青狮、白象向外爬出，伸至底层方涩上。

4.2.1.3 三层四方佛

三层木质佛坛平面呈八边形，佛坛上东、南、西、北四正面各有一尊佛像，分别为阿閦、宝生、阿弥陀、不空成就四方佛（图4-14～图4-17）。四尊佛像面部斑驳，有补塑痕迹，螺发、肉髻平缓不明显，髻中镶宝珠，神情肃穆。佛像袈裟样式各不相同，分别为通肩式、半披式、敷搭双肩下垂式、钩纽式，内着僧祇支，皆结跏趺坐于须弥座上。

其东西、南北须弥座形制有区别。东西向上下皆叠涩二重，南北向须弥座下层叠涩二重，上无叠涩，直接承托莲花座。束腰部位伏兽，东为大象，西为金翅鸟，南为马，北为孔雀。

图 4–14 东阿閦

左：彭华士1962年拍摄东阿閦佛；右：2021年拍摄东阿閦佛。

图 4–15 南宝生

左：彭华士1962年拍摄南宝生佛；右：2021年拍摄南宝生佛。

图 4-16　西阿弥陀

左：彭华士1962年拍摄西阿弥陀佛；右：2021年拍摄西阿弥陀佛。

图 4-17　北不空成就

左：彭华士1962年拍摄北不空成就佛；右：2021年拍摄北不空成就佛。

4.2.1.4 四层华严三圣及弟子像

四层为方形佛坛,佛坛中间为释迦牟尼,左右阿难、迦叶二弟子侍立,前端两侧为乘狮文殊菩萨、乘象普贤菩萨,二菩萨坐骑旁边各有一兽童(图4-18~图4-20)。

与二层文殊菩萨像一样,四层文殊菩萨亦在佛像之右侧,这种布局和南禅寺、佛光寺唐代菩萨位置相似,在一定程度上反映了传承关系。

释迦佛须弥座平面呈八边形,上下两涩,上为三层莲花座,束腰处伏狮子。释迦佛作说法印,服饰与第二层释迦牟尼近似,此处不赘述。面部略显扁平,不甚饱满,补塑破坏较为严重。阿难双手合十,迦叶拱手于胸前。文殊、普贤二菩萨单腿垂坐于兽背莲花座上,文殊菩萨右手微举,垂左足,普贤菩萨左手微举,垂右足,呈对称之势。牵狮、象的兽童造型生动富有动感,均向侧前方迈步,双手抬起,作奋力牵引状,上身一个穿右衽背心、一个穿左衽背心,胸间软带束扎,外穿袒右肩紧袖短袍服,腰束皮带,脚穿高筒靴,带有草原民族特色。

图 4-18　释迦牟尼像

左:彭华士1962年拍摄释迦牟尼;右:2021年拍摄释迦牟尼。

图 4-19　普贤像

左：彭华士1962年拍摄普贤菩萨；右：2021年拍摄普贤菩萨。

图 4-20　文殊像

左：彭华士1962年拍摄文殊菩萨；右：2021年拍摄文殊菩萨。

4.2.1.5 五层毗卢遮那佛及八大菩萨

五层为方形佛坛，佛坛中央为毗卢遮那佛（亦称大日如来），其余四面及四角为八大菩萨像。毗卢佛身形体量较周围菩萨像大，作智拳印，面部斑驳，多处贴金层脱落，结跏趺坐于束腰须弥座上，须弥座上下各两涩，上为三层仰莲莲花座，束腰处有瑞兽伏卧（图4-21）。

八大菩萨为：文殊菩萨、普贤菩萨、观世音菩萨、大势至菩萨、日光菩萨、月光菩萨、地藏王菩萨、弥勒菩萨，皆结跏趺坐于须弥座上；圆脸，束发高冠，云头披肩，胸佩璎珞，四角菩萨有护甲（图4-22）。菩萨手势富于变化，造型相近，主要区别为四方与四角菩萨像须弥座的表现方式不同：四方菩萨须弥座下层二叠涩，上无涩，直接承托莲花座，仰莲瓣三层；四角菩萨须弥座上下各叠涩二重，其上莲花座仰莲瓣两层。

图 4-21　毗卢遮那佛像
左：彭华士1962年拍摄毗卢遮那佛；右：2021年拍摄毗卢遮那佛。

图4-22 八大菩萨（四角处）

左：彭华士1962年拍摄八大菩萨（四角处）；右：2021年拍摄八大菩萨（四角处）

4.2.2 残损与改变

木塔明层接近半开放的保存环境和数百年中瞬息万变的社会环境不断给佛塑的保护带来机遇与挑战。从1962年的历史照片中，我们能看到经历了浴火重生的近代中国社会后伤痕累累的佛塑旧貌，这组照片是迄今为止保留佛塑外观信息最为翔实的影像资料，也是佛塑保护的重要依据。对比现状，近60年中木塔佛塑的变化是令人无比震惊和惋惜的，主要体现在以下几个方面。

（1）塑像的补塑与重塑

大量塑像在后期修缮中对部分缺失部位进行了补塑，主要包括华冠、面部、手部、局部服饰、塑像背后为取内藏物局部破坏区域以及菩萨坐骑的缺失部分，残损严重的塑像则整体重塑（如四层文殊像）。由于补塑或重塑部分未进行表面彩绘或妆金，相应区域较易识别，利于后续研究保护，但相应工作是否能较好地展现原貌、补塑与重塑依据是否充分在后续研究中值得进一步商榷。

（2）莲座的修补

经对比发现，木塔塑像莲座的补塑、重塑比例较高，包括对其仰莲瓣、莲台及束腰伏兽等部位的修缮。其中莲瓣的补塑、重塑多数都改变了原有莲瓣饱满、立体的造型，呈现出单瓣弧度、体量和整体绽开角度减小的特点，且莲瓣层数局部也有所改变。莲瓣以下的莲台部分造型改变相对较小，仅二层主尊佛莲台有明显的重塑情况，其余均为小范围补塑带来的局部变化和彩绘表面涂层的变化。

（3）背光缺失与表面涂层褪色剥落

背光缺失、表面彩绘褪色剥落、贴金层剥落同样是佛塑近年的重要变化之一。通过历史照片，我们能够看到二层至四层大量塑像都曾保存有较为完好的背光，且塑像整体彩绘图案清晰、颜色艳丽，贴金层亦较为完整。对比之下，现状塑像，尤其是佛像，除一层外其余表面彩绘仅局部保存尚可，整体褪色极为严重，面部、胸部贴金剥落面积较大，局部呈斑驳状，为保护工作带来较大的挑战。

总体来说，木塔佛塑的残损与改变时刻提醒着我们，除本体结构之外，作为建筑的重要组成部分之一，对佛塑的记录、研究和保护同样刻不容缓。与此同时，新、老照片的对比也能够指导我们在后续研究中选取更具真实性、保留信息量更多的取样位置和研究依据。

4.3 研究思路及方法

本次研究基于佛塑现状，结合现存山西地区佛塑的常用制作工序与材料，推断佛塑的妆金工艺和相关的物质信息。

4.3.1 现存山西地区佛塑的常用制作工序与材料

（1）制作工序

关于山西的诸多佛塑，已有前人做过较为详细的记述，成大生最早对山西的塑像做法进行了总结，即制作木骨架后缠绕或扎捆草绳再上泥，最后着色[1]。随后，李燕飞等通过研究发现其彩绘前先涂抹了一层铅白类的白色粉层，然后再绘制[2]。继而，刘林西将彩塑制作的主要流程进行了进一步的细化，即打桩、绑草、上粗泥、上二泥、上细泥、打底、沥粉、彩绘（妆像）[3]。随后，张爱的研究分析表明，在塑造细泥层时会添加棉、麻等细纤维泥精细塑造表面、面部及饰物，同时会在表面裱纸并施白粉层，最后再进行彩绘[4]。

万俐通过对紫金庵泥塑的研究，总结了泥塑主要包括木支撑结构、泥土层、棉纸（佛塑的脸部、手部无棉纸）和颜料层四个部分[5]。魏小杰总结了各时代彩塑制作工艺，分别为：唐代——木骨架、谷、粗泥层、细泥层、颜料层；宋代——木骨架、草绳、粗泥层、细泥层、颜料层；元代——木骨架、粗泥层、细泥层、纸层、颜料层[6]。由此可见，元代佛塑便会在绘制颜料之前添加纸层作为打底。徐诺研究发现，塑像的构架用料可分为木材和铁两种，其中铁丝骨架会用于飘带、手指等结构[7]，便于其塑造更为灵活的形态。

关于上述的上大泥过程，基本上分为粗泥、中泥、细泥三步骤，泥的掺和方法在《民间画工史料》[8]中也有具体的比例，分别为：

"粗泥——土七成，沙三成，加谷草、麦秸。

"中泥——土七成，沙三成，加麦糠。

"细泥——土七成，沙三成，加麻纸（毛头纸，用水侵烂）。土掺棉花或丝绵（用于头部）。"

---

1. 成大生. 山西彩塑［J］. 古建园林技术，2001（4）：10-17.
2. 李燕飞，王旭东，赵林毅，等. 山西介休后土庙彩塑的制作材料及工艺分析［J］. 敦煌研究，2007（5）：54-58.成大生.
3. 刘林西. 山西晋城玉皇庙彩绘泥塑部分彩绘（妆像）工艺复原初探［J］. 文博，2014（5）：94-96.
4. 张爱. 福胜寺彩绘泥塑病害调查分析［J］. 文物世界，2016（5）：39-42.
5. 万俐. 紫金庵泥塑保护修复材料选择的探讨［G］//中国化学会应用化学会学科委员会.文物保护与修复纪实：第八届全国考古与文物保护（化学）学术会议论文集. 广州：岭南美术出版社，2004：45-52.
6. 魏小杰. 晋南唐宋元寺观彩塑样式研究［D］. 西安：西安美术学院，2013.
7. 徐诺. 山西晋城青莲寺彩绘泥塑制作工艺分析及虚拟修复初探［D］. 西安：西北大学，2014.
8. 秦岭云. 民间画工史料［M］. 北京：人民美术出版社，2018：127.

粗泥主要用于塑大型，中泥塑大形动态，最后用细泥塑造局部与细节的变化。张芳等对千佛庵彩绘泥塑进行研究发现，粗泥层较厚，细泥层很薄（2～4mm），粗泥一般加麻刀，细泥一般加棉花或绵纸[1]。

由上述诸多学者的研究可见，山西地区的彩塑制作流程大致相同，均为：①先制作木骨架，即按构想的塑像形态，根据实际需要用一根或数根木柱或木板捆扎骨架；②随后，在骨架外缠绕麻绳或扎捆麦秸，用麻绳缠绕谷草固定；③再上粗泥层塑出外形，之后用添加棉、麻的细纤维泥精细塑造表面、面部及饰物；④表面裱纸施白粉层后再进行彩绘及妆金等工艺。

（2）着色敷彩

着色敷彩，亦称"装銮"，是彩塑完成的最后一道工序，"三分坯子七分画"即指此项。通过成大生的记述，一般给素胎着色时又分垩白、沥粉、贴金、着色等四道程序[2]。魏小杰通过分析指出，在泥塑完成之后，会首先给塑胎上刷一层明胶，之后贴一层麻纸（也称皮纸）或细纱布，再刷一层胶水，防止颜料向内渗透。其次，在塑胎上罩一层混有胶质的白色颜料，此工序又称为"出白"，其成分有高岭土、云母、白垩等[3]。

对于山西境内的多处寺庙的佛塑表面颜料成分，也有学者进行了较为详细的研究。例如，李燕飞等通过对颜料的X射线衍射分析得出了以下结论：山西介休后土庙彩塑中红色以铅丹为主，朱砂使用较少，绿色主要以斜氯铜矿为主，氯铜矿次之，白色为铅白和石膏，黑色为墨，金色为金箔或描金，黄色为雌黄[4]。万俐以苏州紫金庵泥塑为例，分析了其潮湿的环境会使得铅白（碱式碳酸铅）和铅丹（红色氧化铅）局部地转变为棕色的二氧化铅，蓝色的石青会因潮湿而转化为绿色的碱式氯化铜等[5]。可见，塑像的颜料化学成分可能会随着时间而发生改变。

1. 张芳，杨秋颖，刘林西，等. 山西隰县千佛庵彩绘泥塑制作工艺研究［J］. 考古与文物，2019（1）：125-128.
2. 成大生. 山西彩塑［J］. 古建园林技术，2001（4）：10-17.
3. 魏小杰. 晋南唐宋元寺观彩塑样式研究［D］. 西安：西安美术学院，2013.
4. 李燕飞，王旭东，赵林毅，等. 山西介休后土庙彩塑的制作材料及工艺分析［J］. 敦煌研究，2007（5）：54-58.
5. 万俐. 紫金庵泥塑保护修复材料选择的探讨［C］//中国化学会应用化学会学科委员会. 文物保护与修复纪实：第八届全国考古与文物保护（化学）学术会议论文集.广州：岭南美术出版社，2004：45-52.

徐诺通过扫描电镜结果发现山西晋城青莲寺的塑像大多以高岭土作为打底，只有在较晚期的是氧化钙和氧化镁的混合物；他还发现了以钴元素为主的蓝色颜料，以铜绿（氯铜矿）为主的绿色颜料，以朱砂、铁红和铅丹为主的红色颜料，以铁黄或铅黄为主的黄色颜料；且在诸多泥塑中均发现棉纸被大量用于修补彩绘层出现的裂隙[1]。

上述颜料的物质种类分析也均对于接下来应县木塔的佛塑所用颜料研究有一定的指导意义。

（3）妆金工艺

郭秋英指出，现存美国旧金山亚洲艺术馆的十六国后赵建武四年（338年）的鎏金铜佛坐像可能是遗存至今的我国早期的金身佛造像[2]。同时《晋书·帝纪》[3]中记载：

"南朝宋武帝永初二年（421年）因其深信浮屠道，铸货千万，造丈六金像，亲于瓦官寺迎之。"

可见贴金工艺在南朝时就已经应用于佛塑造像当中，而明代漆工黄成《髹饰录·坤集》"质色第三"[4]中介绍的"金髹"即相当于我们今天的贴金工艺：

"金髹，一名浑金漆，即贴金漆也。无癫斑为美。又有泥金漆，不浮光。又有贴银者，易霉黑也。黄糙宜于新，黑糙宜于古。"

妆金工艺是中国历史悠久的传统装饰工艺，经过历朝历代的不断发展，产生了诸多不同的妆金方法。妆金，即在需要贴金的部分刷上金胶油（经加工的桐油），然后贴上金箔，但也有铜箔或金粉代用的。

通过杨秋颖的记述，彩绘层部分一般分为掸白、沥粉、贴金、着色四道工

1. 徐诺. 山西晋城青莲寺彩绘泥塑制作工艺分析及虚拟修复初探［D］.西安：西北大学，2014.
2. 郭秋英. 青莲寺宋塑妆金工艺的历史人文价值［J］. 晋阳学刊，2021（3）：130-134.
3. 房玄龄，等. 《晋书·帝纪·第十篇》东晋恭帝司马德文第三篇.
4. 王世襄. 王世襄集：髹饰录解说［M］. 北京：生活·读书·新知三联书店，2013.

序，其中贴金可采取沥粉贴金、漆金、拨金、贴布、贴纸、贴线、镂空塑等多种工艺来实现[1]。

左丽阳根据工匠的描述记录，贴金使用的金胶是将生漆和桐油按比例根据需要调和而成的，由于金箔太薄容易被划伤露出底色，所以贴金完成后通常在表面刷一层薄薄的透明清漆以保护金箔[2]。与左丽阳记述的做法相印证的是赵金丽等的分析，其分析结果表明常用的贴金粘合剂有胶矾水和金胶油。胶矾水是由动物胶（明胶或鹿胶）在热水中溶解后加入一定量明矾制成；金胶油是在桐油和银珠的混合物中以体积比1:4的比例加入清漆制成，为了防止金箔被刮划而露出底面，有时会在金箔表面再刷一薄层清漆，清漆化后会在其表面形成一层保护膜[3]。

而关于金的含量，王进玉通过对莫高窟彩塑残片上的隋代涂金分析得出，隋代金粉中主体元素为Pb和Au，而Ag、Cu、Zn、Ni的含量很低，Ag、Cu、Zn为铅合金中的杂质，Ni为铅中的杂质，通常铅矿中含有Ag、Cu、Zn、Ni等杂质。说明也有做法是先在彩塑佛像表面涂铅粉，再涂很薄的金粉，这样可以节省金的用量[4]。

由此可见，在诸多塑像中均采用了各种妆金工艺，其诸多研究也为应县木塔的塑像妆金工艺研究奠定了基础。

4.3.2 科学分析方法及技术概述

研究团队在研究应县木塔佛塑的重绘历史和妆金工艺信息时，首先对佛塑妆金部位进行取样并制作剖面样品，借助显微镜对其剖面进行观察。通过观察先确定分层情况，再针对样品中的物质进行进一步检测及分析。其中，涉及无机物的检测需要用到扫描电子显微镜、拉曼光谱仪、xrd（X射线衍射）等方法；有机物的检测需要用到荧光染色、傅里叶变换红外光谱、热裂解气相色谱

1. 杨秋颖. 古寺庙彩绘泥塑宗教造像传统工艺研究体系探讨［J］. 文博，2015（4）：48-55.
2. 左丽阳. 山西传统贴金工艺探究：基于贴金工匠口述的研究［D］. 太原：山西大学，2014.
3. 赵金丽，苏伯民，于宗仁，等. 热裂解：气质色谱质谱连用技术分析资寿寺彩塑贴金［J］. 西北师范大学学报，2019（3）：72-78.
4. 王进玉. 中国古代石窟寺彩塑的种类、分布及其彩绘研究［C］//云冈石窟研究院. 2005年云冈国际学术研讨会论文集（保护卷）. 北京：文物出版社，2005：11.

质谱联用技术等方法。

（1）剖面显微分析方法（Cross-section Microscopy）

剖面显微分析方法是用于观察样品的微观层次结构的分析方法，其原理是使用光学显微镜观察制备好的样品剖面。对于佛塑的妆金工艺而言，剖面显微分析能够帮助探明一系列材料和工艺上的疑问，其结果也能为下一步深入进行其余科学检测提供必要基础结论。

（2）荧光显微分析方法（Fluorescent Staining Microscopy）

在进行剖面显微分析后，将制备好的样品剖面根据需求，选择合适的荧光染色剂。并在显微镜下使用相应滤片，在保证曝光时长相同的前提下，分别拍摄样品染色前及染色后的显微照片，并将染色前后的两张照片比对，观察是否有阳性反应。实验中用到的染色剂与对应鉴别物质的关系如表4-2所示：

表4-2　染色剂与对应鉴别物质的关系

荧光染色剂	阳性反应	鉴别物质	常见材料
TTC（2，3，5—氯化三苯基四氮唑）	红色 / 红棕色	碳水化合物	糨糊（淀粉）
FITC（异硫氰酸荧光素），溶于丙酮	黄色 / 绿色	蛋白质	动物胶
DCF（2'7'—二氯荧光素），溶于乙醇	粉色（饱和脂类）/ 黄色（不饱和脂类）	脂类	桐油等油类物质

（3）偏光显微分析方法（Polarized Light Microscopy）

偏光显微分析是根据晶体的光学性质特征对物质种类进行鉴定的方法。其原理即通过观察单偏光和正交偏光下分散颜料颗粒的光学特性，与标准样品对比而做出判断。

（4）扫描电子显微镜—能谱分析方法（SEM-EDS）

扫描电子显微镜—能谱分析（SEM-EDS）是扫描电子显微镜（SEM）与X射线能谱仪（EDM）联用的分析方法。样品表面原子内层电子受到激发后，在能级跃迁过程中释放出具有特征能量和波长的电磁辐射特征X射线，通过分析特征X射线，可以获得样品的化学元素成分信息。

（5）热裂解气相色谱质谱联用分析方法（PY-GC/MS）

热裂解气相色谱质谱（PY-GC/MS）联用主要针对有机化合物的分析，其主要工作原理为通过将有机化合物在严格控制的环境中加热，使之裂解成为可挥发的小分子，采用热裂解气相色谱质谱联用仪分离和检测这些裂解的小分子。由于有机化合物在一定条件下的裂解方式主要取决于分子结构，从而可以准确推断聚合物的成分和结构组成，并进行定性定量分析。

4.4 佛塑妆金工艺构造分析

4.4.1 应县木塔佛塑取样情况

4.4.1.1 取样目的

目前，应县佛宫寺释迦塔内部共保存塑像26尊，结合形态学分析，现存佛塑可能为辽代原有布局，虽然外观经多次更改，但衣着和整体形态仍保留一定辽代佛塑特征，由此我们进一步推测佛塑的表面涂层工艺做法可能保留有不同年代甚至辽金时期的层次，佛塑的妆金工艺做法研究对于认识晋北地区此种工艺的演变以及后期保护计划的制订也有一定意义。

以四层主尊为例，为深入了解佛塑的表面涂层工艺做法以及所使用的材料，我们对四层主尊的妆金部位进行了取样分析。

4.4.1.2 取样位置

四层主尊释迦牟尼佛半跏坐于莲花座上，手施说法印。相较1962年彭华士拍摄的照片可见，主尊双手均为后世修补，但面部、手臂、右足以及胸口处的妆金基本保存完好（图4-23）。

基于对四层主尊佛塑现状的分析，从文物保护伦理的角度出发，我们选择了较为隐蔽的妆金部位，如小臂与袖口交接的位置、胸口与领口交接的位置，同时这些位置由于处在塑像的缝隙处及转角处，往往也是历次妆金工艺保存状况较为完整处。主尊的妆金工艺集中于肌肤处，但面部由于取样难度较大，故在主尊的四肢及胸口均匀分布取样，由此确定取样位置如下：

图 4-23　四层主尊释迦牟尼佛塑照片对比

左：彭华士1962年拍摄释迦牟尼佛塑；右：2021年拍摄释迦牟尼佛塑。

于主尊左臂取样，以F4-01为代表性样品（图4-24）；

图 4-24　F4-01主尊左臂取样位置

来源：作者自摄

于主尊右臂取样，以F4-13为代表性样品（图4-25）；

图 4-25　F4-13 主尊右臂取样位置

来源：作者自摄

于主尊右足取样，以F4-03为代表性样品（图4-26）；

图 4-26　F4-03 主尊右足取样位置

来源：作者自摄

于主尊胸前取样，以F4-08为代表性样品（图4-27）。

图 4-27　F4-08 主尊胸前取样位置

来源：作者自摄

四层主尊的取样位置如图4-28所示。

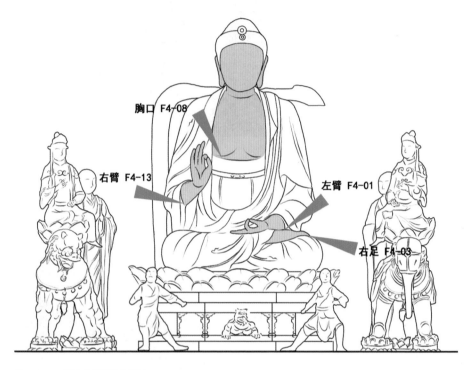

胸口 F4-08

右臂 F4-13

左臂 F4-01

右足 F4-03

图 4-28　四层主尊的取样位置图

来源：作者自绘

4.4.2 样品制备

在制备样品时，对于后续科学检测分析所需使用的样品块，需要对照取样位置记录信息，并确定所需观察剖面位置，将取样的残片以及写有样品编号的文物保护专用纸包埋于树脂块中并打磨出观察平面，并仔细进行抛光处理，以得到光滑无痕的观察面。

本研究制备样品均采用约1cm×1cm×1cm的立方体硅胶模具，将样品包埋在Technovit®2000LC光固化冷镶嵌树脂中（图4-29），在Technotray-CU-蓝光固化机内进行固化后，使用Technovit®2000LC covering varnish保证样品表面的完全透明，将样块从模具中取出后，依次使用目数不同的砂纸打磨出观察平面并进行抛光，从而得到光滑的观察面。

图 4-29　包埋样品于硅胶模具

来源：作者自摄

4.4.3 剖面显微分析

研究团队使用OLYMPUS DP73显微镜及Nikon LV100ND金相显微镜对样品

进行剖面显微分析，由于特定物质在紫外光（UV）下会产生特定的荧光反应，故使用汞灯紫外光源拍摄同位置的紫外光下显微照片，并与可见光（VIS）下显微照片进行对照分析。

分别对比主尊的四肢及胸口代表性样品显微照片如下：

F4-08（图4-30、图4-31）是取于四层主尊胸前的样品，在显微剖面照片中可见，由于结构层次较为单一，推测该部位曾经历过重塑，并于重塑前将原有涂层铲除。

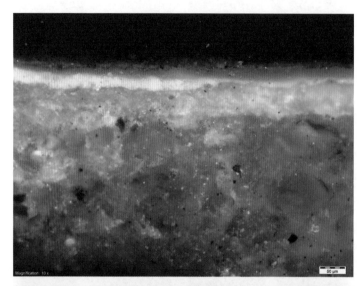

图 4-30　F4-08 VIS 200X

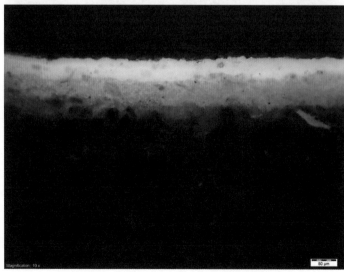

图 4-31　F4-08UV 200X

F4-01（图4-32、图4-33）是取于四层主尊左臂的样品，在显微剖面照片中可见其结构层次较为复杂，推测存在至少7次妆金。

图 4-32　F4-01 VIS 100X

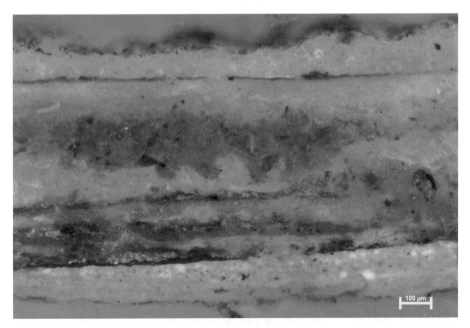

图 4-33　F4-01UV 100X

F4-13（图4-34、图4-35）是取于四层主尊右臂的样品，在显微剖面照片中可见其结构层次较为复杂，且存在与左臂相似的妆金结构。

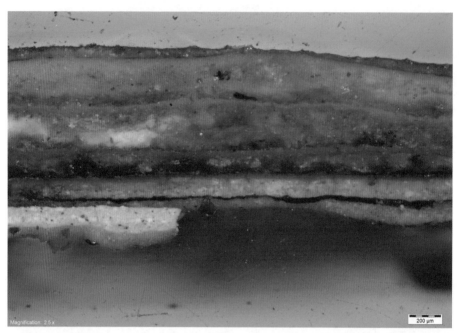

图 4-34　F4-13 VIS 50X

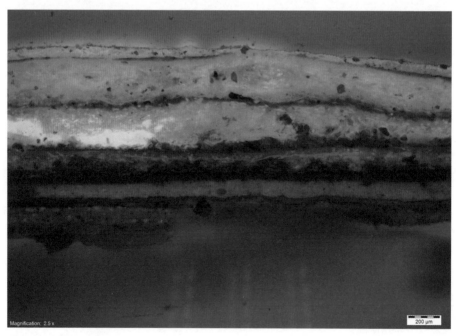

图 4-35　F4-13UV 50X

F4-03（图4-36、图4-37）是取于四层主尊右臂的样品，在显微剖面照片中可见其结构层次较为复杂，且存在与左臂相似的妆金结构。

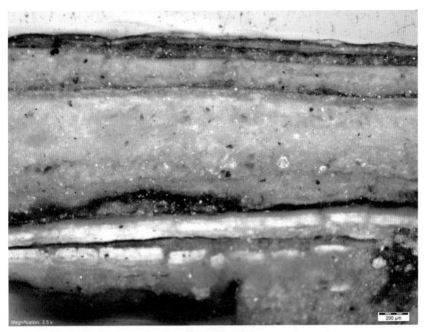

图 4-36　F4-03 VIS 50X

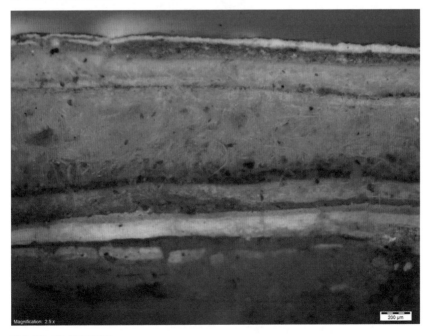

图 4-37　F4-03 UV 50X

从上述显微剖面照片中可见，除重塑过的主尊胸部样品F4-08外，其他三个部位的样品都有着较为丰富的结构层次，也证明了这些位置都曾经历过多次贴金。

在F4-01、F4-13、F4-03三个样品中，我们还可以看到一些相同的层次，可以推测它们来自同一次修缮，也就是说那一次修缮佛像进行了整体的妆金。反之，剖面中特有的层次则可以推断为局部修缮过的证明。

4.4.4 叠压层次分析

以层次最为丰富的主尊左臂的样品F4-01为例，对其进行进一步分析（图4-38）。

左臂 F4-01

图4-38　F4-01主尊左臂取样位置

由于纸纤维在紫外光下会有较为明显的荧光反应，并且整体呈纤维状，所以由（图4-32、图4-33）显微照片初步分析可见其代表性妆金工艺为：纸—细灰层—衬色层—金胶层—贴金，其中少数妆金工艺未采用颜料衬色，而是直接使用贴金油贴金，或在贴金油中掺入少量颜料起衬色层作用进行贴金。部分贴金操作前可见细灰层，可能为前次妆金表面剥落导致表面不平整而进行修补或大规模重修前统一重做的细灰层。

将观察到主尊左臂现存7次妆金的叠压层次汇总，如表4-3所示：

表4-3　主尊左臂各时期妆金做法

	序号	层次	成分推测	UV 下特征
妆金 7	4	金箔层	金箔	无荧光
	3	金胶层	油类物质	白色荧光胶结物
	2	打底层	红色颜料	红色颜料颗粒
	1	细灰层	黏土类物质	白色荧光
妆金 6	4	金箔层	金箔	无荧光
	3	金胶层	油类物质	淡黄色荧光胶结物
	2	打底层	红色颜料	红色颜料颗粒
	1	细灰层	黏土类物质	白色荧光
	—	找平层	纸 + 淀粉	纤维状，白色荧光
妆金 5	4	金箔层	金箔	无荧光
	3	金胶层	油类物质	淡黄色荧光胶结物
	2	打底层	黄色颜料	黄色颜料颗粒
	1	细灰层	黏土类物质	白色荧光
	—	找平层	纸 + 淀粉	纤维状，白色荧光
妆金 4	4	金箔层	金箔	无荧光
	3	金胶层	油类物质	淡黄色荧光胶结物
	2	打底层	黄色颜料	黄色颜料颗粒
	1	细灰层	黏土类物质	白色荧光
	—	找平层	纸 + 淀粉	纤维状，白色荧光
妆金 3	4	金箔层	金箔	无荧光
	3	金胶层	油类物质	白色荧光胶结物
	2	打底层	红色颜料颗粒	红色颜料颗粒
	1	细灰层	黏土类物质	白色荧光
	—	找平层	纸 + 淀粉	纤维状，白色荧光

	序号	层次	成分推测	UV 下特征
妆金 2	3	金箔层	金箔	无荧光
	2	金胶层	油类物质	黄绿色荧光胶结物
	1	打底层	红色颜料	红色颜料颗粒
妆金 1	4	金箔层	金箔	无荧光
	3	金胶层	油类物质	白色荧光胶结物
	2	打底层	红色颜料颗粒 + 白色颜料颗粒	红色颜料小颗粒 + 白色颜料大颗粒
	1	细灰层	黏土类物质	白色弱荧光

4.5 佛塑妆金材料物质分析

4.5.1 扫描电镜分析

为推测样品中无机物的种类，我们使用SEMTESCAN MIRA3场发射扫描电子显微镜对四层主尊左臂样品F4-01剖面中框选区域进行了局部面扫，得出的主要元素种类分布如图4-39所示。

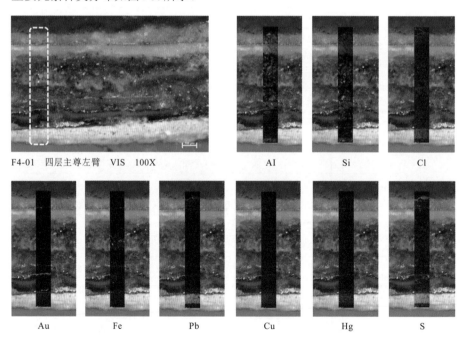

F4-01　四层主尊左臂　VIS　100X　　　　AI　　　　Si　　　　Cl

Au　　　　Fe　　　　Pb　　　　Cu　　　　Hg　　　　S

图 4-39　样品局部扫元素分布

在了解了各层元素种类大致分布情况后，结合山西彩塑中的常用材料，我们可以推测样品中使用的材料种类大致为：细灰层成分为 $Al_4(Si_4O_{10})\cdot(OH)_8$（高岭土）；打底层所使用的红色颜料为 HgS（朱砂或银朱）或 Fe_2O_3（铁红），黄色颜料为 $FeO(OH)$（土黄），白色颜料为 $Pb_3(OH)_4CO_3$（铅白）或 $CaCO_3$（白垩）。

4.5.2 荧光染色分析

荧光染色技术可用于初步判断样品中胶合剂等有机物的类别，此次研究中，我们对四层主尊左臂样品F4-01分别用TTC染色剂、FITC染色剂和DCF染色剂对样品进行了荧光染色，通过染色结果判断样品中碳水化合物、蛋白质和油脂类物质的存在与分布。

染色结果如表4-4所示。（为便于观察，将放大后的样品分为上部、中部和底部三个部分。）

表4-4 F4-01使用三种荧光染色剂染色前后对比

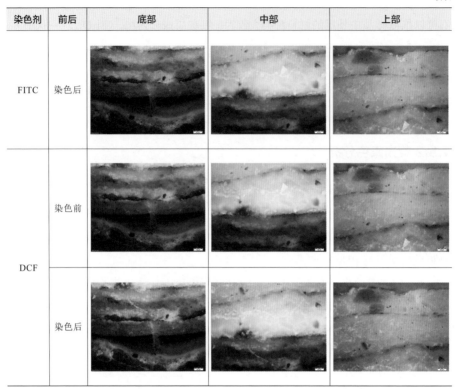

染色剂	前后	底部	中部	上部
FITC	染色后			
DCF	染色前			
	染色后			

以妆金工艺5为例，其细灰层对TTC和FITC均有明显阳性反应，说明其中同时含有碳水化合物和蛋白质类物质（表4-5）。结合佛塑常见制作工艺可知其中含有纸张，且裱糊中可能同时使用了浆糊（淀粉）和动物胶。

表4-5　F4-01使用TTC和FITC染色剂染色前后对比

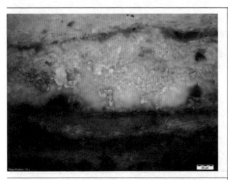

F4-01，贴金5，UV200X，TTC染色前	F4-01，贴金5，UV200X，TTC染色后

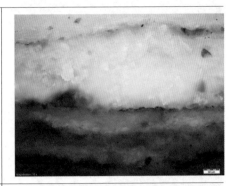

| F4-01，贴金 5，WB200X，FITC 染色前 | F4-01，贴金 5，WB200X，FITC 染色后 |

通过荧光染色结果可知，大多数金胶层均在DCF染色剂下有明显的阳性反应（表4-6），可见其均含有油脂类物质，但是具体成分仍需进一步检测分析。

表4-6　F4-01使用DCF染色剂染色前后对比

| F4-01，贴金 7，WB200X，DCF 染色前 | F4-01，贴金 7，WB200X，DCF 染色后 |

4.5.3 热裂解气相色谱质谱联用分析

基于上述荧光染色的结果，由于样品F4-01结构层次较多且每一层均较薄，故通过荧光染色分析结果将样品大致分为上下两部分。我们采用GC-MSAgilent 7890B热裂解气相色谱质谱联用（py GC-MS）仪进行分析，结果如下：

检测结果显示，上半部分桐油含量为99.3%，蛋白质含量为0.7%。即该区域妆金工艺所使用的有机物以桐油为主（图4-40、图4-41）。

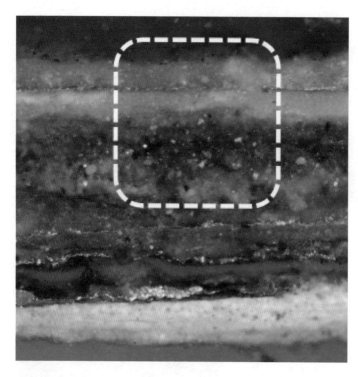

图 4-40　F4-01 四层主
尊左臂 py GC-MS 分析
选取位置 1

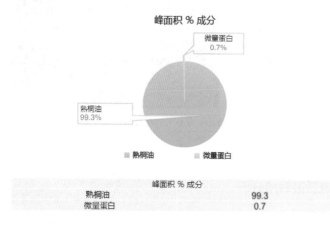

图 4-41　F4-01 四层主
尊左臂 py GC-MS 分析
结果 1

来源：作者自绘。

　　检测结果显示，下半部分桐油含量为99.2%，蛋白质含量为0.5%。即该区域妆金工艺所使用的有机物以桐油为主（图4-42、图4-43）。

　　采用热裂解气相色谱质谱联用仪对样品分上下两层进行分析的结果显示，样品中均含有大量桐油及微量蛋白质，证明了样品中的胶合剂的成分以桐油为主。

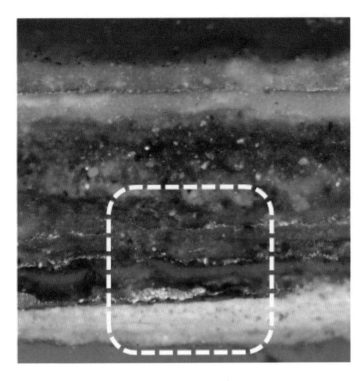

图 4-42 F4-01 四层主
尊左臂 py GS-MS 分析
选取位置 2

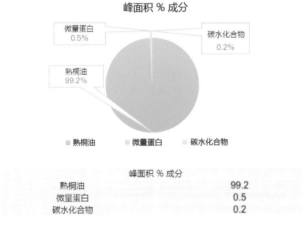

峰面积 % 成分

	峰面积 % 成分
熟桐油	99.2
微量蛋白	0.5
碳水化合物	0.2

图 4-43 F4-01 四层主
尊左臂 py GS-MS 分析
结果 2

来源：作者自绘。

4.5.4 佛塑妆金材料分析

综合上述分析结果，推测木塔妆金使用的主要材料如下：

细灰层主要成分为 $Al_4(Si_4O_{10})\cdot(OH)_8$（高岭土），妆金前起衬色作用的颜料中红色颜料为 HgS（朱砂或银朱）或 Fe_2O_3（铁红），黄色颜料为 $FeO(OH)$

（土黄），白色颜料为 $Pb_3(OH)_4CO_3$（铅白）或 $CaCO_3$（白垩），主要胶合剂为桐油。

4.6 佛塑妆金工艺分析

结合文献研究与科学仪器检测结果的分析，对四层主尊四处代表性样品妆金工艺小结如下（表4-7）。

表4-7　四处取样的代表性样品层次对比

	左臂 F4-01	右臂 F4-13	右足 F4-03	胸前 F4-08
第9次营缮	—	金层 妆金工艺 X 白色打底 纸	金层 妆金工艺 X 白色打底 纸	金层 妆金工艺 F 白色打底 纸
第8次营缮	金层 妆金工艺 C 红色颜料 HgS 高岭土	金层 妆金工艺 C 红色颜料 HgS 高岭土	金层 妆金工艺 C 红色颜料 HgS 高岭土	—
第7次营缮	金层 妆金工艺 F 红色颜料 Fe_2O_3 高岭土 纸	金层 妆金工艺 F 红色颜料 Fe_2O_3 高岭土 纸	金层 妆金工艺 F 红色颜料 Fe_2O_3 高岭土 纸	—
第6次营缮	金层 妆金工艺 D 黄色颜料 FeO(OH) 高岭土 纸	金层 妆金工艺 D 黄色颜料 FeO(OH) 高岭土 纸	金层 妆金工艺 D 黄色颜料 FeO(OH) 高岭土 纸	—
第5次营缮	—	金层 妆金工艺 E 深红色颜料 高岭土 纸	—	—

	左臂 F4-01	右臂 F4-13	右足 F4-03	胸前 F4-08
第 4 次营缮	金层 妆金工艺 D 黄色颜料 FeO(OH) 高岭土 纸	金层 妆金工艺 D 黄色颜料 FeO(OH) 高岭土 纸	金层 妆金工艺 D 黄色颜料 FeO(OH) 高岭土 纸	—
第 3 次营缮	金层 妆金工艺 C 红色颜料 HgS 高岭土 纸	金层 妆金工艺 C 红色颜料 HgS 高岭土 纸	—	—
第 2 次营缮	金层 妆金工艺 B 红色颜料 Fe_2O_3	金层 妆金工艺 B 桐油 红色颜料 Fe_2O_3	金层 妆金工艺 B 桐油 红色颜料 Fe_2O_3	—
第 1 次营缮	金层 妆金工艺 A 红色颜料 HgS+ 白色颜料 $Pb_3(OH)_4CO_3$ 高岭土	金层 妆金工艺 A 红色颜料 HgS+ 白色颜料 $Pb_3(OH)_4CO_3$ 高岭土	金层 妆金工艺 A 红色颜料 HgS+ 白色颜料 $Pb_3(OH)_4CO_3$ 高岭土	—

4.6.1 妆金工艺A

妆金工艺 A 未使用纸，仅用 $Al_4(Si_4O_{10})\cdot(OH)_8$（高岭土）做细灰层；打底层采用 $Pb_3(OH)_4CO_3$（铅白）混合 HgS（朱砂或银朱）的红白混合颜料，金胶层的成分以桐油为主（表 4-8、图 4-44）。

表4-8 木塔四层主尊妆金工艺A显微照片

	VIS	UV
左臂 F4-01		

	VIS	UV
右臂 F4-13	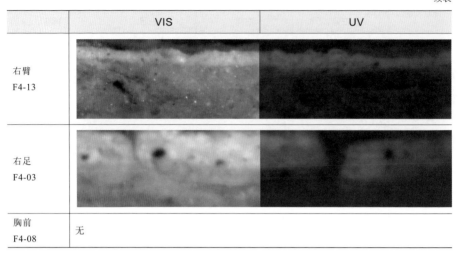	
右足 F4-03		
胸前 F4-08	无	

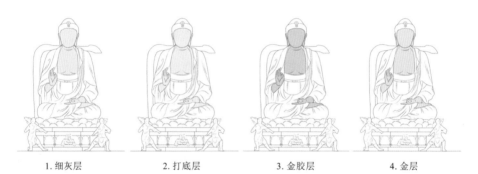

1.细灰层	2.打底层	3.金胶层	4.金层

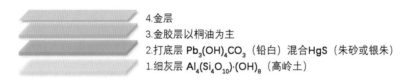

4.金层
3.金胶层以桐油为主
2.打底层 $Pb_3(OH)_4CO_3$（铅白）混合HgS（朱砂或银朱）
1.细灰层 $Al_4(Si_4O_{10})\cdot(OH)_8$（高岭土）

图 4-44　妆金工艺 A 工艺流程及材料分析

4.6.2 妆金工艺B

妆金工艺 B 整体较薄，由剖面照片可见并不存在细灰层，而是直接在上一次的妆金工艺之上打底并贴金。打底层中是以 Fe 元素为主的深红色颜料，且颗粒较小，颜料沉积在打底层的底部。金胶层的成分以桐油为主，其上贴金（表 4-9、图 4-45）。

表4-9　木塔四层主尊妆金工艺B显微照片

	VIS	UV
左臂 F4-01		
右臂 F4-13		
右足 F4-03		
胸前 F4-08	无	

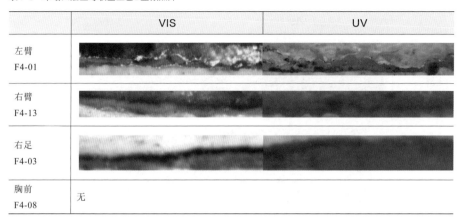

| 1. 打底层 | 2. 金胶层 | 3. 金层 |

3. 金层
2. 金胶层
1. 打底层 Fe_2O_3 铁红

图4-45　妆金工艺B工艺流程及材料分析

4.6.3 妆金工艺C

妆金工艺C先用纸找平,用高岭土作为细灰层,打底层为红色颜料 HgS(朱砂或银朱),金胶层以桐油为主,同时还存在由于干性油降解而产生的草酸钙(表4-10、图4-46)。

表4-10　木塔四层主尊妆金工艺C显微照片

	VIS	UV
左臂 F4-01	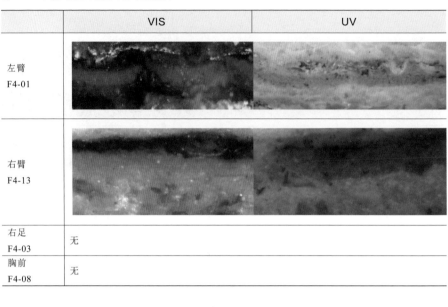	
右臂 F4-13	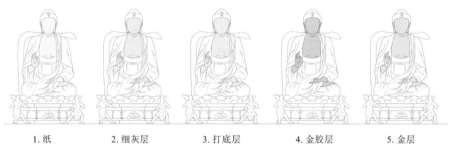	
右足 F4-03	无	
胸前 F4-08	无	

1.纸　　　　　2.细灰层　　　　3.打底层　　　　4.金胶层　　　　5.金层

5.金层
4.金胶层 桐油（降解产生草酸钙）
3.打底层 HgS（朱砂或银朱）
2.细灰层 $Al_4(Si_4O_{10})\cdot(OH)_8$（高岭土）
1.纸

图4-46　妆金工艺C 工艺流程及材料分析

4.6.4 妆金工艺D

妆金工艺D先用纸找平，用高岭土作为细灰层，打底层则采用了以Fe元素为主的黄色颜料 FeO(OH)（土黄），金胶层也为桐油，其上贴金（表4-11、图4-47）。

表4-11　木塔四层主尊妆金工艺D显微照片

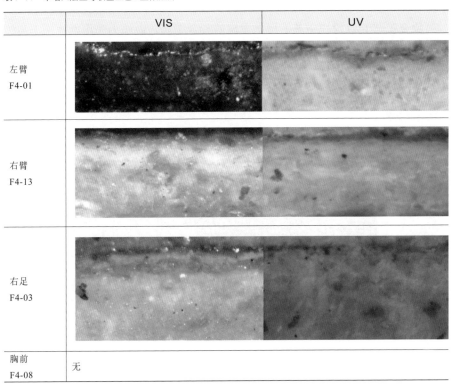

	VIS	UV
左臂 F4-01		
右臂 F4-13		
右足 F4-03		
胸前 F4-08	无	

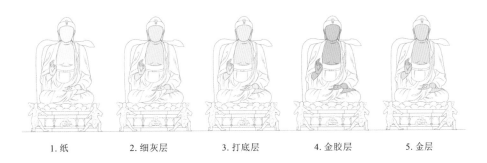

1. 纸　　　2. 细灰层　　　3. 打底层　　　4. 金胶层　　　5. 金层

5. 金层
4. 金胶层　桐油
3. 打底层 $FeO(OH)$（土黄）
2. 细灰层 $Al_4(Si_4O_{10})\cdot(OH)_8$（高岭土）
1. 纸

图 4-47　妆金工艺 D 工艺流程及材料分析

4.6.5 妆金工艺E

妆金工艺E是仅在主尊右臂上发现的妆金工艺。做法为先用纸找平，高岭土作为细灰层，且细灰层较厚，但打底层中采用了深红色颜料，与前述红色颜料似不同物质；同时，金胶层在紫外光下有明显荧光反应，其上贴金。但由于样品数量不足，其具体成分仍需进一步的取样分析（表4-12、图4-48）。

表4-12　木塔四层主尊妆金工艺E显微照片

	VIS	UV
左臂 F4-01	无	
右臂 F4-13		
右足 F4-03	无	
胸前 F4-08	无	

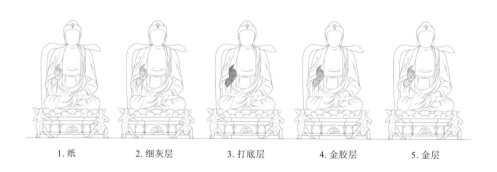

1. 纸　　　　2. 细灰层　　　　3. 打底层　　　　4. 金胶层　　　　5. 金层

5. 金层
4. 金胶层
3. 打底层 深红色颜料
2. 细灰层 $Al_4(Si_4O_{10})\cdot(OH)_8$（高岭土）
1. 纸

图4-48　妆金工艺E 工艺流程及材料分析

4.6.6 妆金工艺F

妆金工艺 F 先用纸找平，用高岭土作为细灰层，且细灰层较厚；打底层中采用了以 Fe 元素为主的红色颜料 Fe_2O_3（铁红），此贴金方式采用的红色颜料与妆金工艺 B 均为以 Fe_2O_3 为主，但此处的颜料颗粒颜色较妆金工艺 B 更浅；金胶层较薄，以桐油为主，其上贴金（表4-13、图4-49）。

表4-13　木塔四层主尊妆金工艺F显微照片

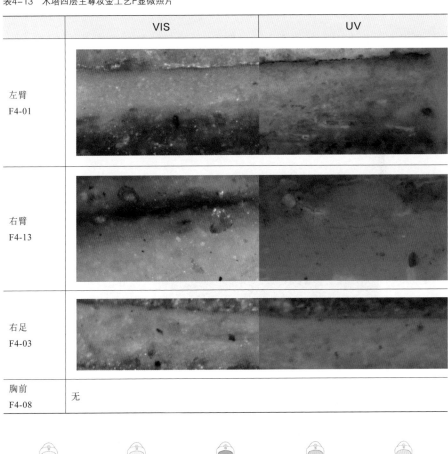

	VIS	UV
左臂 F4-01		
右臂 F4-13		
右足 F4-03		
胸前 F4-08	无	

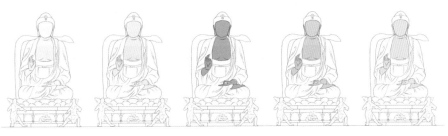

1.纸　　2.细灰层　　3.打底层　　4.金胶层　　5.金层

5.金层
4.金胶层 桐油
3.打底层 Fe_2O_3 (铁红)
2.细灰层 $Al_4(Si_4O_{10})\cdot(OH)_8$ (高岭土)
1.纸

图4-49（续）

4.6.7 妆金工艺X

　　最近一次妆金工艺 X 未在主尊左臂发现，但却存在于右臂、右足及胸口处，同时胸口处也仅存此种妆金工艺。其在细灰层下并未采用纸张，打底层使用白色颜料且紫外光下有较为明显的荧光反应；金胶层在可见光下半透明，但是在紫外光下有强烈的荧光反应，可能是现代金胶油的特征（表4-14、图4-50）。

表4-14　木塔四层主尊妆金工艺X显微照片

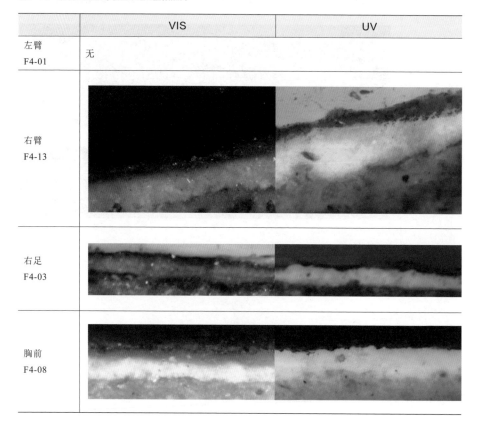

	VIS	UV
左臂 F4-01	无	
右臂 F4-13		
右足 F4-03		
胸前 F4-08		

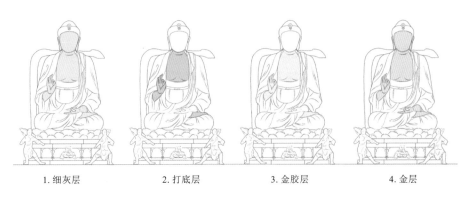

1. 细灰层　　　　　2. 打底层　　　　　3. 金胶层　　　　　4. 金层

4. 金层
3. 金胶层
2. 打底层
1. 细灰层　$Al_4(Si_4O_{10})\cdot(OH)_8$（高岭土）

图4-50　妆金工艺X工艺流程及材料分析

4.7 总结与展望

在此次研究中，我们从"皮肤科医生"的角度出发，对木塔四层主尊的妆金工艺进行了生理学阶段的研究，初步判断、总结了四层主尊现存的9次营缮信息中体现的7种妆金工艺及其相应的颜料、胶结物质种类，为我们认识木塔佛塑修缮历史、晋北地区佛塑妆金工艺乃至佛塑与应县木塔的关系提供了研究基础。但不可否认的是，现阶段的研究仅仅处于木塔佛塑生理学研究的起步阶段。仅从妆金工艺与物质材料来说，目前尚未对木塔其余几层主尊、四方佛妆金处进行取样，无法明确各层塑像的塑造和修缮情况是否同步、工艺是否相同；以目前的保存情况来看，二层、四层、五层胁侍菩萨、弟子等塑像未见明显妆金痕迹，亦未进行系统性取样，尚不能确定是否有叠压妆金层。而在此基础之上，若希望探究晋北地区佛塑妆金的普遍性规律，则需要在空间维度、时间维度中筛选出相近地区、时代相对明确的佛塑进行取样与对比分析。此外，佛塑彩绘的相关研究则更为复杂，不同颜色的辨别、叠压关系的确定、颜料种类和胶结材料种类的确定均需更加系统全面的取样分析。

遗产生理学分析是其病理学、药理学研究的基础。佛塑妆金、彩绘的工艺结构、物质材料及其所处的建筑空间、自然环境决定了其病害类型与残损情况，即所谓"病理"；明确病理后方能为其确定科学合理的保护方案，选择适宜的保护材料，即所谓"药理"。上述问题均为未来应县木塔佛塑研究中亟待解决的。

遗产的研究和保护归根结底是为其展示与利用服务，如何让文化遗产活起来，实现研究成果的创造性转化，尤其是在数字技术快速发展的今天，参照诸多博物馆举行的"云展览"等活动，如何使应县木塔佛塑的历史、工艺、材料研究进行明晰的展示，同时使得遗产保护的过程更好地与身处全国各地乃至世界各国的观众进行交互，也是遗产保护中重要的一环。希望通过未来更加深入的研究和科技的发展，我们能让更多人通过线上、线下的生动体验了解应县木塔所承载的物质文化信息和精神内涵，也能对文化遗产保护投入更多的关注与热情，共同传承优秀传统文化。

参考文献

[1] 陈明达. 应县木塔 [M]. 北京：文物出版社，1980.

[2] 祁英涛，李世温，张畅耕. 山西应县释迦塔牌题记的探讨 [J]. 文物,1979(4):26-30.

[3] 张畅耕，左雁，马福星. 应县木塔后加构件的装设年代 [M] // 山西省考古学会，山西省考古研究所. 山西省考古学会论文集（四）.1994（0）：245-247.

[4] 张畅耕，毕素娟，郑恩淮. 山西应县佛宫寺木塔内发现辽代珍贵文物 [J]. 文物，1982（6）：1-8+97-101.

[5] 尤李. 应县木塔所藏《入法界品》及其相关问题考论 [J]. 山西档案，2013（6）：27-32.

[6] 成大生. 山西彩塑 [J]. 古建园林技术，2001（4）：10-17.

[7] 李燕飞,王旭东,赵林毅,等. 山西介休后土庙彩塑的制作材料及工艺分析 [J]. 敦煌研究,2007（5）：54-58.

[8] 刘林西. 山西晋城玉皇庙彩绘泥塑部分彩绘（妆像）工艺复原初探 [J]. 文博，2014：94-96.

[9] 张爱. 福胜寺彩绘泥塑病害调查分析 [J]. 文物世界，2016（5）：39-42.

[10] 万俐. 紫金庵泥塑保护修复材料选择的探讨 [A] // 中国化学会应用化学会学科委员会. 文物保护与修复纪实：第八届全国考古与文物保护（化学）学术会议论文集. 广州：岭南美术出版社，2004：45-52.

[11] 魏小杰. 晋南唐宋元寺观彩塑样式研究 [D]. 西安：西安美术学院，2013.

[12] 徐诺. 山西晋城青莲寺彩绘泥塑制作工艺分析及虚拟修复初探 [D]. 西安：西北大学，2014.

[13] 秦岭云. 民间画工史料 [M]. 北京：人民美术出版社，2018：127.

[14] 张芳，杨秋颖，刘林西，等. 山西隰县千佛庵彩绘泥塑制作工艺研究 [J]. 考古与文物，2019（1）：125-128.

[15] 郭秋英. 青莲寺宋塑妆金工艺的历史人文价值 [J]. 晋阳学刊，2021（3）：130-134.

[16] 王世襄. 王世襄集：髹饰录解说 [M]. 北京：生活·读书·新知三联书店，2013.

[17] 杨秋颖. 古寺庙彩绘泥塑宗教造像传统工艺研究体系探讨 [J]. 文博，2015（4）：48-55.

[18] 左丽阳. 山西传统贴金工艺探究：基于贴金工匠口述的研究 [D]. 太原：山西大学，2014.

[19] 赵金丽，苏伯民，于宗仁，等. 热裂解：气质色谱质谱连用技术分析资寿寺彩塑贴金 [J]. 西北师范大学学报，2019（3）：72-78.

[20] 王进玉. 中国古代石窟寺彩塑的种类、分布及其彩绘研究 [C] // 云冈石窟研究院. 2005 年云冈国际学术研讨会论文集（保护卷）. 北京：文物出版社，2006：135-145.

[21] AI GUO SHEN. Pigment identification of colored drawings from Wuying Hall of the Imperial Palace by micro‐Raman spectroscopy and energy dispersive X‐ray spectroscopy [J]. Journal of Raman Spectroscopy，2006，9（37）：230-234.

[22] BUTI D，ROSI F，BRUNETTI B G，et al. In-situ identification of copper-based green pigments on paintings and manuscripts by reflection FTIR [J]. Analytical and Bioanalytical Chemistry，2013（405）：2699.

[23] PIQUE F, et al. Scientific examination of the sculptural polychromy of cave 6 at Yungang[M]//AGNEW N. Conservation of ancient sites on the Silk Road. Los Angeles: The Getty Conservation Institute，1997:421-429.

[24] LI ZM. et al. A scientific study of the pigments in the wall paintings at Jokhang Monastery in Lhasa, Tibet, China[J]. Heritage Science, 2014(2):21.

[25] MAZZEO R, et al. Analytical study of traditional decorative materials and techniques used in Ming Dynasty wooden architecture: the case of the Drum Tower in Xi'an, P.R. of China[J]. Journal of Cultural Heritage，2004(5), 273-283.

[26] ZHU T. et al. Spectroscopic Characterization of the architectural painting from the Cizhong Catholic Church of Yunnan Province, China[J]. Analytical letters, 2013, 46(14) : 2253-2264.

[27] JIN PJ. et al. The identification of the pigments used to paint statues of Feixiange Cliff in China in late 19th century by micro-Raman spectroscopy and scanning electron microscopy/energy dispersive X-ray analysis[J]. Journal of Molecular Structure 2010, 983(1-3): 22-26.

5

彩画组

王昂 谢嘉伟

天地夹远山，赤白曾金巅。

青灯老丹膫，案隙闪碧莲。

长夜冷长夏，孤心考硃铅。

浮尘惜墨浅，人去匠心传。

5.1 木塔彩画简述

应县木塔作为目前仅存一处的早期纯木结构塔式建筑，前人学者研究重点多关注于其木构造及其塔身内的佛造像，对于木塔彩画的研究却相对较少。木塔始建于辽清宁二年（1056年），但其建筑表面所附彩画绝大多数已非原建时所绘制，目前大多彩画均为清时大修时重绘。

木塔现存的彩画保存状况较差，除了一层内檐的檐下彩画和一层内槽的藻井彩画保存得相对完整，其余区域的彩画均呈现不定程度的剥落，绝大多数区域的彩画均已不可辨认；可以约略辨认并可以后续展开研究的部位包括：

（1）各层斗栱部位，斗栱构件表层彩画、栱眼壁彩画（含外檐行龙纹、写生画纹样）；

（2）各层内外槽普拍枋与阑额彩画；

（3）各层乳栿彩画；

（4）五层六椽栿彩画（底部卷草，侧面龙穿富贵方心旋子彩画）；

（5）首层、五层之藻井和井字天花彩画。

囿于工作团队规模、工作时间和实习紧凑的安排，本报告集中精力分析3处表面装饰细节清晰、保存状况良好的部位开展工作。按照研究的时间顺序，它们分别是：

（1）五层内槽向日葵纹天花彩画；

（2）五层内槽斗八藻井仙鹤彩画；

（3）首层南面内槽团窠龙纹天花彩画。

针对木塔彩画样品的分析，部分彩画样品的拉曼光谱实验是在首都博物馆文保科技实验室完成的。感谢首都博物馆保护部李健副主任的大力支持，以及何秋菊研究馆员和张雪鸽馆员在实验过程中的指导。同时，感谢中冶建筑研究总院检测中心梁宁博工程师对三维激光扫描作业的指导。

5.2 五层内槽向日葵纹天花彩画初步分析

五层内槽向日葵纹天花彩画位于五层屋架部位中心藻井之外周边平棊处（图5-1）。现状保存情况并不完整，但保存者色彩尚属清晰明艳（图5-2）。

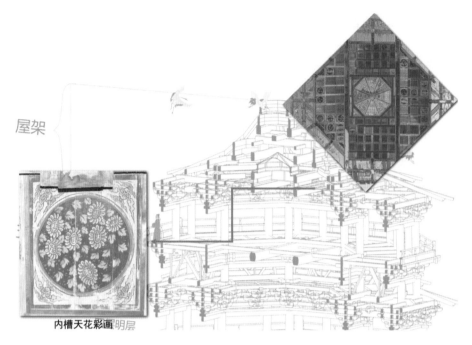

屋架

内槽天花彩画 明层

图5-1　五层内槽向日葵纹天花彩画保存位置示意图

图5-2　研究对象正面影像

5.2.1 取样位置

基于对向日葵纹天花彩画绘制工艺的分析，针对彩画主体纹样主色区、彩画圆鼓子地色、岔角地色等区域进行取样，具体取样位置描述及位置照片见下表（表5-1）。

表5-1　五层内槽向日葵纹天花彩画样品信息

编号	位置描述	颜色	位置照片
TH-02	五层天花岔角云纹	绿	
TH-03	五层天花岔角云纹	红	
TH-04	五层天花岔角云纹描边	黑	
TH-05	五层天花圆鼓子内卷草	绿	

编号	位置描述	颜色	位置照片
TH-06	五层天花圆鼓子内花卉	红	
TH-07	五层天花圆鼓子卷草描边	白	

5.2.2 分析结果

5.2.2.1 微观显微颜料层次分析

通过对试样TH-02进行微观显微观察，在可见光下可以清楚观察到岔角云纹处的颜料涂层自下而上分三层排列：最内层为白色，观测到的厚度约为44.4μm；中间层为黄色，观测到的厚度约为12.4μm；最外层为绿色，观测到的厚度约为68.8μm（图5-3）。

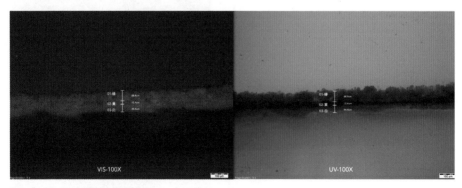

图5-3　TH-02试样微观显微观察图VIS-100X/UV-100X

通过对试样TH-03进行微观显微观察，在可见光下可以清楚观察到岔角云纹处的颜料涂层自下而上分三层排列：最内层为白色，观测到的厚度约为22.9μm；中间层为黄色，观测到的厚度约为9.7μm；最外层为红色，观测到的厚度约为16.1μm。在最内层白色之下为木基层（图5-4）。

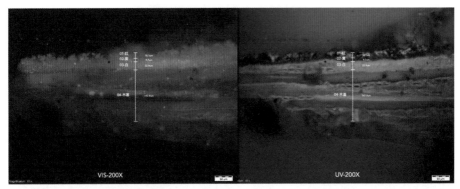

图5-4　TH-03试样微观显微观察图VIS-200X/UV-200X

通过对试样TH-04进行微观显微观察，在可见光下可以清楚观察到岔角云纹黑色描边处的颜料涂层自下而上分三层排列：最内层为白色，观测到的厚度约为24.8μm；中间层为黄色，观测到的厚度约为18.1μm；最外层为黑色，观测到的厚度约为16.3μm（图5-5）。

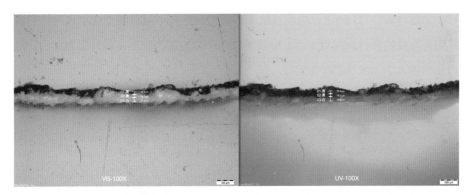

图5-5　TH-04试样微观显微观察图VIS-100X/UV-100X

结合TH-02、TH-03、TH-04这3处试样的微观显微图对比分析可以发现，三者的取样位置均位于彩画岔角的区域，且三者均在表面显色颜料层之下出现了黄色颜料层和白色颜料层。结合实际观察到的岔角区域地色为黄色，可基本判定黄色颜料层为彩画岔角区域的通刷地色。而黄色地色之下的白色颜料层应属木基层之上的打底处理层，作用类似于木基层之上的衬地找平层。

因此，可大致推测出该天花彩画岔角区域的绘制工艺做法为：先于木基层之上满刷白色衬地进行找平打底，而后在白色打底层之上再通刷黄色作为岔角区域的地色，最后再在黄色地色上刷涂红、绿色作岔角云纹。

通过对试样TH-05进行微观显微观察，在可见光下可以清楚观察到圆鼓子内绿色卷草处的颜料涂层自下而上分三层排列：最内层为白色；中间层为黑色；最外层为绿色（图5-6）。

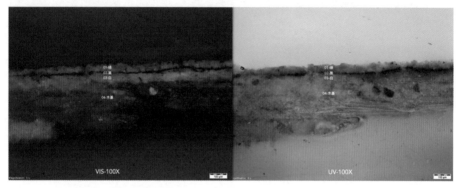

图5-6　TH-05试样微观显微观察图VIS-100X/UV-100X

通过对试样TH-06进行微观显微观察，在可见光下可以清楚观察到圆鼓子内红色花卉处的颜料涂层自下而上分两层排列：最内层为白色；最外层为红色。最内层白色之下为木基层（图5-7）。

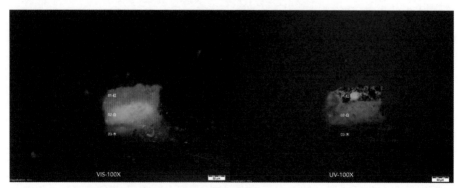

图5-7　TH-06试样微观显微观察图VIS-100X/UV-100X

通过对试样TH-07进行微观显微观察，在可见光下可以清楚观察到圆鼓子内白色卷草描边处的颜料涂层自下而上分三层排列：最内层为白色；中间层为黑色；最外层为白色（图5-8）。

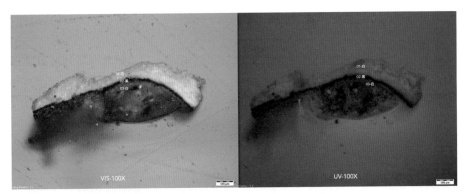

图5-8　TH-07试样微观显微观察图VIS-100X/UV-100X

结合TH-05、TH-06、TH-07这3处试样的微观显微图对比分析可以发现，三者的取样位置均位于彩画圆鼓子内，其中TH-05和TH-07两者在表面显色颜料层之下均出现了黑色颜料层和白色颜料层。结合实际观察到的圆鼓子内地色为黑色，可基本判定黑色颜料层为彩画圆鼓子内通刷的地色。而黑色地色之下的白色颜料层应与岔角区域一致，均属木基层之上的打底处理层，即木基层之上的白色打底衬地层为满刷，而在地色的选择上，岔角区域选择通刷黄色，而圆鼓子内则选择通刷黑色。

再通过对TH-06试样的微观显微观察，可以发现在其表面显色颜料层之下未出现黑色颜料层。结合实际纹样为圆鼓子内红色花卉，可基本推断其原因应为画匠考虑若使用红色颜料进行涂盖，黑色会使得原有的红色失真，故在绘制圆鼓子内纹样时，刻意在红色花卉内的区域留白，不做黑色地色处理，而后直接在白色衬地之上直接涂刷红色作花纹。

五层内槽向日葵纹天花彩画微观显微观察总结如表5-2所示。

5.2.2.2 颜料颗粒组成分析

TH-02试样取样位置为彩画岔角绿色云纹处，通过对该试样绿色颜料颗粒进行拉曼光谱分析（图5-9）。从拉曼光谱中可以看出，在269.02cm^{-1}、

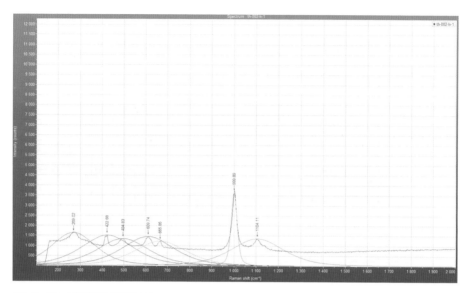

图5-9 TH-02试样拉曼光谱图532nm

494.83cm^{-1}、665.85cm^{-1}的谱峰与席勒绿（Cu（AsO$_2$）$_2$）在272cm^{-1}、493cm^{-1}、656cm^{-1}的特征谱峰基本吻合，推测颜料中含有席勒绿。

拉曼光谱在269.02cm^{-1}、422.68cm^{-1}、1104.11cm^{-1}的谱峰与石绿在272cm^{-1}、433cm^{-1}、1095cm^{-1}的特征谱峰基本吻合（图5-11），推测含有石绿（CuCO$_3$·Cu（OH）$_2$）。

拉曼光谱在494.83cm^{-1}、665.85cm^{-1}、999.89cm^{-1}、1104.11cm^{-1}的谱峰与绿土在500cm^{-1}、673cm^{-1}、996cm^{-1}、1073cm^{-1}的特征谱峰基本吻合（图5-12），推测含有绿土。

基于对岔角绿色云纹处的绿色颜料的拉曼光谱结果分析，可以初步推断该绿色颜料主要为席勒绿、石绿、绿土这三种颜料混合而成。

TH-03试样取样位置为彩画岔角红色云纹处，通过对该试样红色颜料颗粒进行拉曼光谱分析（图5-13）。可以看出，拉曼光谱在383.93cm^{-1}的谱峰与铅丹在390cm^{-1}的特征谱峰基本吻合（图5-14），推测颜料中含有铅丹。

拉曼光谱在1335.72cm^{-1}、1578.44cm^{-1}的谱峰与石墨在1330cm^{-1}、1580cm^{-1}的特征谱峰基本吻合（图5-15），推测颜料中含有石墨。结合前文中微观显微剖面的分析，推测应为在初期调和颜料时，在红色颜料中掺入了少许石墨用于调色。

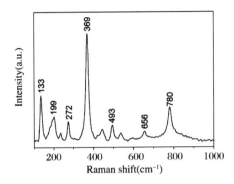

图5-10 席勒绿拉曼光谱图

注：图片取自参考文献[1]。

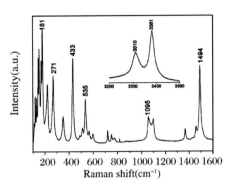

图5-11 石绿拉曼光谱图

注：图片取自参考文献[1]。

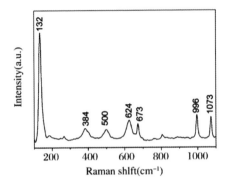

图5-12 绿土拉曼光谱图

注：图片取自参考文献[1]。

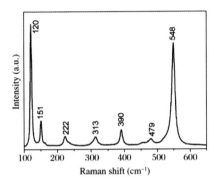

图5-14 铅丹拉曼光谱图

注：图片取自参考文献[1]。

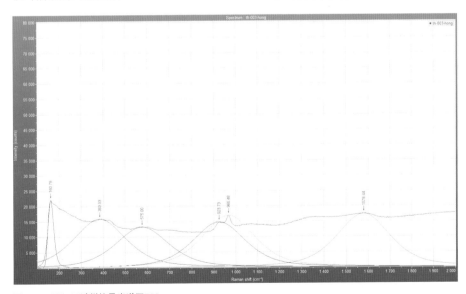

图5-13 TH-03试样拉曼光谱图532nm

拉曼光谱在966.48cm⁻¹、575.00cm⁻¹的谱峰与磷灰石在579cm⁻¹、963cm⁻¹的特征谱峰基本吻合（图5-16），推测颜料中含有磷灰石。结合前文中微观显微剖面的分析，推测应为在初期调和颜料时，在红色颜料中掺入了少许磷灰石用于调色。

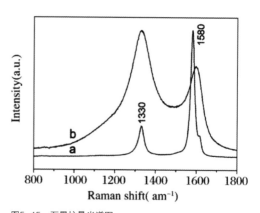

图5-15　石墨拉曼光谱图

注：图片取自参考文献[1]。图中a、b分别为两种不同状态石墨的拉曼光谱。

基于对岔角红色云纹处的红色颜料的拉曼光谱结果分析，可以初步推断该红色颜料主要为铅丹、石墨、磷灰石这三种颜料混合而成，其中主要颜料为红色铅丹，而石墨和磷灰石则作为初期调和颜料进行混合使用。

TH-04试样取样位置为彩画岔角云纹黑色描边处，通过对该试样黑色颜料颗粒进行拉曼光谱分析（图5-17）。可以看出，拉曼光谱在1365.99cm⁻¹、1585.12cm⁻¹的谱峰与石墨在1330cm⁻¹和1580cm⁻¹的特征谱峰基本吻合，推测颜料中含有石墨。

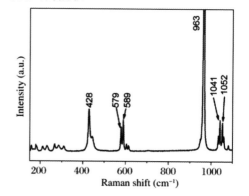

图5-16　磷灰石拉曼光谱图

注：图片取自参考文献[1]。

拉曼光谱在442.72cm⁻¹、604.39cm⁻¹、951.79cm⁻¹、1142.86cm⁻¹的谱峰与黄铁矿在425cm⁻¹、622cm⁻¹、988cm⁻¹、1162cm⁻¹的特征谱峰基本吻合（图5-18），推测颜料中含有黄铁矿。结合前文中微观显微剖面的分析，推测黄铁矿可能为黑色颜料层下黄色地色颜料层的主要颜料。

拉曼光谱在442.72cm⁻¹、604.39cm⁻¹、951.79cm⁻¹、1142.86cm⁻¹的谱峰与重晶石在461cm⁻¹、615cm⁻¹、987cm⁻¹、1142cm⁻¹的特征谱峰基本吻合（图5-19），推测颜料中含有重晶石。结合前文中微观显微剖面的分析，可能为画匠在初期调和黄色颜料时，在黄铁矿中添加白色重晶石。

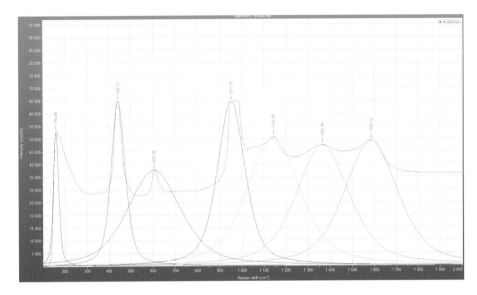

图5-17 TH-04试样拉曼光谱图532nm

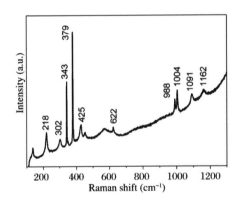

图5-18 黄铁矿拉曼光谱图

注：图片取自参考文献[1]。

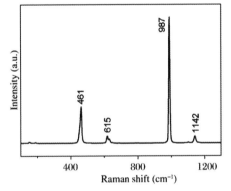

图5-19 重晶石拉曼光谱图

注：图片取自参考文献[1]。

基于对岔角云纹处的黑色颜料的拉曼光谱结果分析，可以初步推断该黑色颜料主要为石墨，而黑色颜料层下黄色地色的主要颜料组成可能为黄铁矿和重晶石的混合物，其中主要颜料为黄铁矿，重晶石则作为初期调和颜料配合黄铁矿使用。

TH-05试样取样位置为彩画圆鼓子内绿色卷草处，通过对该试样绿色颜料颗粒进行拉曼光谱分析（图5-20）。可以看出，拉曼光谱在621.34cm^{-1}、1096.09cm^{-1}的谱峰与绿土在624cm^{-1}和1073cm^{-1}的特征谱峰基本吻合，推测颜料中含有绿土。

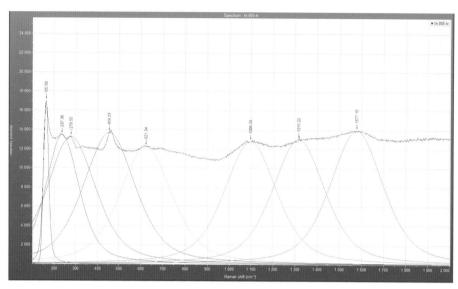

图5-20 TH-05试样拉曼光谱图532nm

拉曼光谱在278.50cm⁻¹、454.03cm⁻¹、1096.09cm⁻¹的谱峰与石绿在271cm⁻¹、433cm⁻¹、1095cm⁻¹的特征谱峰基本吻合，推测颜料中含有石绿。

拉曼光谱在1315.22cm⁻¹、1577.10cm⁻¹的谱峰与石墨在1330cm⁻¹、1580cm⁻¹的特征谱峰基本吻合，推测颜料中含有石墨。结合前文中微观显微剖面的分析，推测石墨可能为绿色颜料层之下黑色地色的主要颜料。

基于对圆鼓子内绿色卷草处的绿色颜料的拉曼光谱结果分析，可以初步推断该绿色颜料主要为绿土和石绿的混合物，而黑色颜料层则可能为石墨（表5-2）。

表5-2　五层向日葵天花微观显微观察总结表

编号	位置描述	颜色	颜料涂层数/层	颜料叠压关系（自上而下）	颜料剖面分析	颜料颗粒组成分析
TH-02	五层天花岔角云纹	绿	3	绿	纹样显色层	石绿＋绿土＋席勒绿
				黄	岔角地色	重晶石＋黄铁矿
				白	打底找平层	磷灰石
TH-03	五层天花岔角云纹	红	3	红	纹样显色层	—
				黄	岔角地色	重晶石＋黄铁矿
				白	打底找平层	磷灰石

编号	位置描述	颜色	颜料涂层数/层	颜料叠压关系（自上而下）	颜料剖面分析	颜料颗粒组成分析
TH-04	五层天花岔角云纹描边	黑	3	黑	纹样显色层	石墨
				黄	岔角地色	重晶石＋黄铁矿
				白	打底找平层	磷灰石
TH-05	五层天花圆鼓子内卷草	绿	3	绿	纹样显色层	石绿＋绿土
				黑	圆鼓子地色	石墨
				白	打底找平层	磷灰石
TH-06	五层天花圆鼓子内花卉	红	2	红	纹样显色层	铅丹＋磷灰石＋石墨
				白	打底找平层	磷灰石
TH-07	五层天花圆鼓子卷草描边	白	3	白	纹样显色层	—
				黑	圆鼓子地色	石墨
				白	打底找平层	磷灰石

5.2.3 绘制工艺推断

基于对彩画取样后做的剖面显微分析，我们对五层内槽向日葵纹天花彩画的绘制工艺有了大致的推断：

第一步，画匠直接在木基层上满刷白色衬地，而白色衬地使用的主要颜料颗粒为磷灰石。这一层白色衬地的作用十分重要，它不仅能够起到找平作用，还能使得上层彩画的颜料颗粒更好地吸附。

第二步，基于彩画的构图，画匠将彩画构图分为圆鼓子区域和岔角区域，岔角区域使用黄铁矿和重晶石混合通刷黄色地色。画匠考虑到无法在黑色地色上直接使用红色进行完美的盖色处理，因此选择圆鼓子内先用墨线勾勒出花卉纹样后，在花卉纹样内进行留白处理，其余位置再用石墨通刷黑色地色（图5-21）。

第三步，用铅丹、磷灰石、石墨混合调色对花卉心进行通刷红色，同时岔角处绿色云纹使用席勒绿、绿土、石绿混合进行刷饰，圆鼓子内的绿叶则是在黑色地色上直接用绿土、石绿混合进行刷饰。最后再用白色对圆鼓子内的花卉和岔角外的云纹的外缘进行"压白"。

五层内槽向日葵纹天花彩画绘制工艺推演如图5-22所示。

图5-21　五层内槽向日葵纹天花彩画大样图

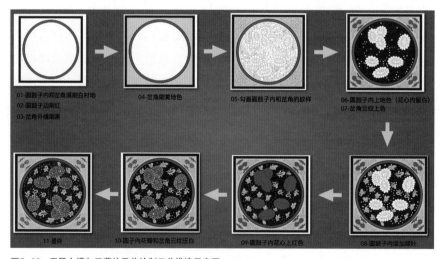

图5-22　五层内槽向日葵纹天花绘制工艺推演示意图

5.3 五层内槽斗八藻井仙鹤天花彩画

五层内槽斗八藻井仙鹤天花彩画位于五层斗八藻井之方形层。如图5-23、图5-24所示。

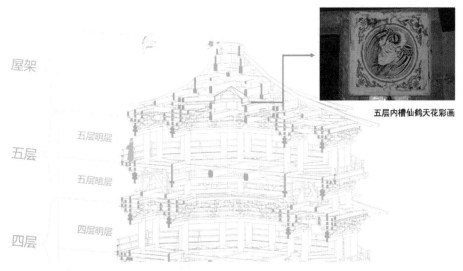

五层内槽仙鹤天花彩画

图5-23 五层内槽斗八藻井仙鹤天花彩画保存位置示意图

图5-24 研究对象正面影像

5.3.1 取样位置

基于对仙鹤天花彩画绘制工艺的分析，针对彩画主体纹样主色区、彩画圆鼓子地色、岔角地色等区域进行取样，具体取样位置描述及位置照片见表5-3。

表5-3　五层内槽斗八藻井仙鹤天花彩画样品信息

编号	位置描述	颜色	位置照片
XH-01	五层斗八藻井天花圆鼓子地色	青	
XH-02	五层斗八藻井天花圆鼓子内羽毛	黑	
XH-04	五层斗八藻井天花圆鼓子内仙鹤头冠	红	
XH-05	五层斗八藻井天花圆鼓子内仙鹤嘴	绿	

编号	位置描述	颜色	位置照片
XH-06	五层斗八藻井天花圆鼓子大边	红	
XH-07	五层斗八藻井天花岔角外地色	白	
XH-08	五层斗八藻井天花岔角外卷草	绿	
XH-09	五层斗八藻井天花岔角外卷草	青	
XH-10	五层斗八藻井天花岔角外花卉心	红	

编号	位置描述	颜色	位置照片
XH-11	五层斗八藻井天花岔角外卷草描边	白	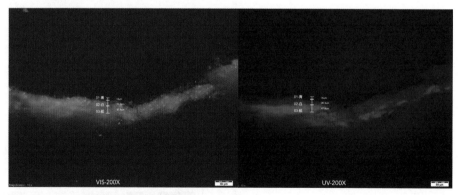

5.3.2 分析结果

5.3.2.1 微观显微颜料层次分析

通过对试样XH-01进行微观显微观察，在可见光下可以清楚观察到圆鼓子地色处的颜料涂层自下而上分两层排列：最内层为白色，观测到的厚度约为20.3μm；最外层为青色，观测到的厚度约为14μm。最内层白色颜料层之下为绢状的纸地仗层，观测到的厚度约为47.9μm（图5-25）。

图5-25 XH-01试样微观显微观察图VIS-200X/UV-200X

通过对试样XH-02进行微观显微观察，在可见光下可以清楚观察到圆鼓子内仙鹤羽毛处的颜料涂层自下而上分两层排列：最内层为白色，观测到的厚度约为16.6μm；最外层为黑色，观测到的厚度约为6.9μm。最内层白色颜料层之下为绢状的纸地仗层，观测到的厚度约为35.4μm（图5-26）。

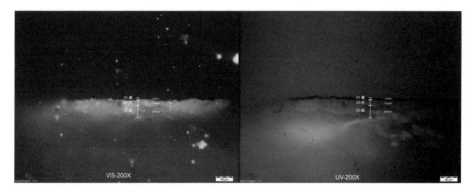

图5-26　XH-02试样微观显微观察图VIS-200X/UV-200X

通过对试样XH-04进行微观显微观察，在可见光下可以清楚观察到圆鼓子内仙鹤头冠处的颜料涂层自下而上分两层排列：最内层为白色，观测到的厚度约为63.9μm；最外层为红色，观测到的厚度约为12.5μm。最内层白色颜料层之下为绢状的纸地仗层，观测到的厚度约为112.5μm（图5-27）。

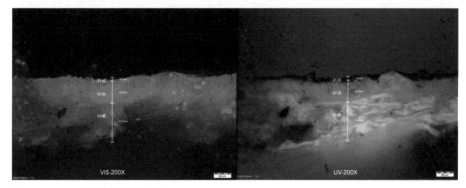

图5-27　XH-04试样微观显微观察图VIS-200X/UV-200X

通过对试样XH-05进行微观显微观察，在可见光下可以清楚观察到圆鼓子内仙鹤嘴处的颜料涂层自下而上分两层排列，最内层为白色，观测到的厚度约为43μm；最外层为绿色，观测到的厚度约为40.2μm。最内层白色颜料层之下为绢状的纸地仗层，观测到的厚度约为126.9μm。

通过对试样XH-06进行微观显微观察，在可见光下可以清楚观察到圆鼓子大边处的颜料涂层自下而上分两层排列：最内层为白色，观测到的厚度约为22.2μm；最外层为红色，观测到的厚度约为20.8μm。最内层白色颜料层之下为绢状的纸地仗层，观测到的厚度约为70.8μm，纸地仗层之下则为木基层（图5-29）。

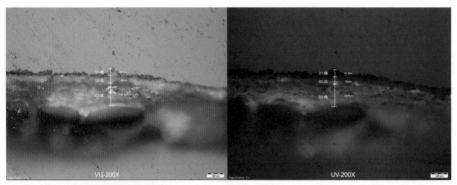

图5-28　XH-05试样微观显微观察图VIS-200X/UV-200X

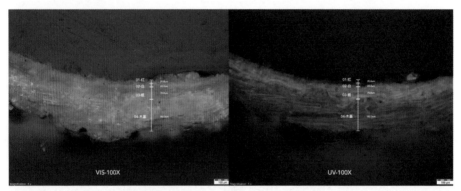

图5-29　XH-06试样微观显微观察图VIS-100X/UV-100X

通过对试样XH-07进行微观显微观察，在可见光下可以清楚观察到岔角外地色处的颜料涂层仅有一层白色，观测到的厚度约为40.1μm。白色颜料层之下为绢状的纸地仗层，观测到的厚度约为43μm（图5-30）。

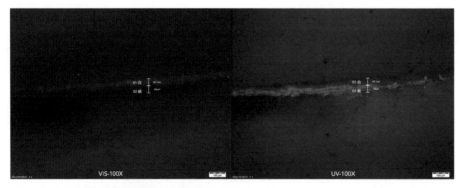

图5-30　XH-07试样微观显微观察图VIS-100X/UV-100X

通过对试样XH-08进行微观显微观察，在可见光下可以清楚观察到岔角绿卷草处的颜料涂层自下而上分两层排列：最内层为白色，观测到的厚度约为44μm；最外层为绿色，观测到的厚度约为41.2μm。最内层白色颜料层之下为绢状的纸地仗层，观测到的厚度约为120.9μm（图5-31）。

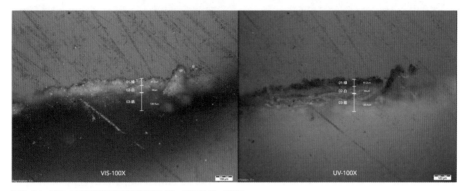

图5-31　XH-08试样微观显微观察图VIS-100X/UV-100X

通过对试样XH-09进行微观显微观察，在可见光下可以清楚观察到岔角青卷草处的颜料涂层自下而上分两层排列：最内层为白色，观测到的厚度约为22.2μm；最外层为青色，观测到的厚度约为9.2μm。最内层白色颜料层之下为绢状的纸地仗层，观测到的厚度约为51.6μm（图5-32）。

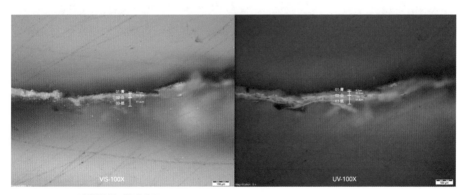

图5-32　XH-09试样微观显微观察图VIS-100X/UV-100X

通过对试样XH-10进行微观显微观察，在可见光下可以清楚观察到岔角红花卉处的颜料涂层自下而上分两层排列：最内层为白色，观测到的厚度约为41.6μm；最外层为红色，观测到的厚度约为11.1μm。最内层白色颜料层之下为绢状的纸地仗层，观测到的厚度约为104.7μm。（图5-33）

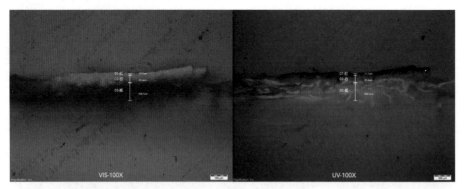

图5-33 XH-10试样微观显微观察图VIS-100X/UV-100X

通过对试样XH-11进行微观显微观察，在可见光下可以清楚观察到岔角卷草外缘处的颜料涂层自下而上分两层排列：最内层为白色，观测到的厚度约为44.2μm；最外层也为白色，观测到的厚度约为22.1μm。最内层白色颜料层之下为绢状的纸地仗层，观测到的厚度约为100.8μm（图5-34）。

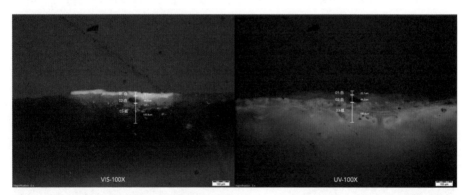

图5-34 XH-11试样微观显微观察图VIS-100X/UV-100X

结合对比这10处试样的微观显微剖面图，不难发现，在彩画木基层之上有一层用纸制作的地仗层，而纸地仗层之上还各有一层白色的颜料层。白色颜料层不论是在岔角区域还是圆鼓子内区域都普遍出现，推测应属打底找平的衬地层。此工艺做法与上文论述到的五层内槽向日葵纹天花彩画的绘制工艺基本相仿，同为在显色颜料层之下绘制白色衬地作为找平层。之后再在白色衬地找平层之上依据构图设计用红色颜料绘制圆鼓子大边，并在圆鼓子内用墨线绘制仙鹤轮廓，仙鹤内部留白而仙鹤外缘的圆鼓子内空白区域则用青色通刷做地色处理。

圆鼓子外的岔角区域的地色即为找平层的白色，故直接在岔角区域刷涂卷草和花卉的颜色，最后再在卷草和花卉的轮廓外缘用白色进行"压白"处理，形成强烈对比。

五层内槽斗八藻井仙鹤天花彩画微观显微观察总结如表5-4所示。

表5-4　五层斗八藻井仙鹤天花彩画微观显微观察总结表

编号	位置描述	颜色	剖面层数/层	剖面叠压关系（自上而下）	颜料层及剖面分析
XH-01	五层斗八藻井天花圆鼓子地色	青	3	青	圆鼓子内地色
				白	打底找平层
				纸	纸地仗
XH-02	五层斗八藻井天花圆鼓子内羽毛	黑	3	黑	纹样显色层
				白	打底找平层
				纸	纸地仗
XH-04	五层斗八藻井天花圆鼓子内仙鹤头冠	红	3	红	纹样显色层
				白	打底找平层
				纸	纸地仗层
XH-05	五层斗八藻井天花圆鼓子内仙鹤嘴	绿	3	绿	纹样显色层
				白	打底找平层
				纸	纸地仗层
XH-06	五层斗八藻井天花圆鼓子大边	红	3	红	纹样显色层
				白	打底找平层
				纸	纸地仗层
XH-07	五层斗八藻井天花岔角外地色	白	2	白	打底找平层兼岔角处地色
				纸	纸地仗层
XH-08	五层斗八藻井天花岔角外卷草	绿	3	绿	纹样显色层
				白	打底找平层
				纸	纸地仗层
XH-09	五层斗八藻井天花岔角外卷草	青	3	青	纹样显色层
				白	打底找平层
				纸	纸地仗层
XH-10	五层斗八藻井天花岔角外花卉心	红	3	红	纹样显色层
				白	打底找平层
				纸	纸地仗层
XH-11	五层斗八藻井天花岔角外卷草描边	白	3	白	纹样显色层
				白	打底找平层
				纸	纸地仗层

5.3.2.2 颜料颗粒组成分析

由于实验条件有限，本次针对五层内槽斗八藻井仙鹤天花彩画的拉曼光谱测试仅仅选取了部分试样进行分析。其中，XH-08试样取样位置为彩画岔角绿色卷草纹处，通过对该试样绿色颜料颗粒进行拉曼光谱分析，从拉曼光谱中可以看出，在544.26cm^{-1}、1094.75cm^{-1}的谱峰与石绿在535cm^{-1}、1095cm^{-1}的特征谱峰基本吻合，推测颜料中含有石绿（图5-35）。

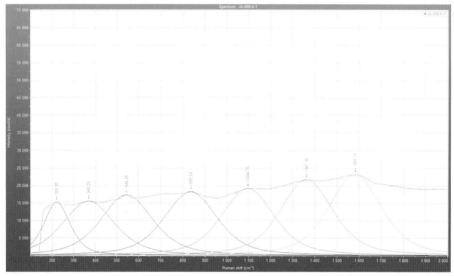

图5-35　XH-08试样拉曼光谱图532nm

拉曼光谱在1361.98cm^{-1}、1581.11cm^{-1}的谱峰与石墨在1330cm^{-1}、1580cm^{-1}的特征谱峰基本吻合，推测颜料中含有石墨。结合前文中微观显微剖面的分析，推测应为在初期调和颜料时，在绿色颜料中掺入了少许石墨用于调色。

拉曼光谱在222.25cm^{-1}、1094.75cm^{-1}的谱峰与白云石在212cm^{-1}、1094cm^{-1}的特征谱峰基本吻合，推测颜料中含有白

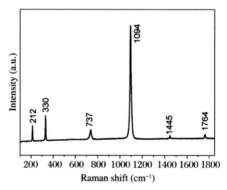

图5-36　白云石拉曼光谱图
注：图片取自本章参考文献[1]。

云石（图5-36）。结合前文中微观显微剖面的分析，推测应为在初期调和颜料

时，在绿色颜料中掺入了少许白云石用于调色，同时不能排除有可能是下层白色衬地找平层的主要颜料组成。

XH-09试样取样位置为彩画岔角青色卷草纹处，通过对该试样青色颜料颗粒进行拉曼光谱分析，从拉曼光谱中可以看出在258.33cm^{-1}、540.26cm^{-1}、1042.64cm^{-1}与人造群青在259cm^{-1}、547cm^{-1}、1094cm^{-1}的特征谱峰基本吻合，推测颜料中含有人造群青（图5-37、图5-38）。

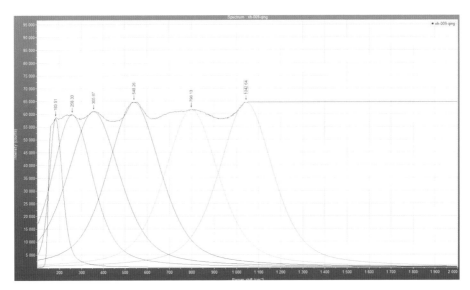

图5-37　XH-09试样拉曼光谱图532nm

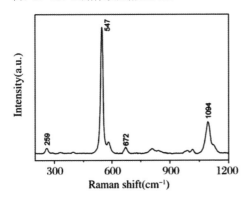

图5-38　人造群青拉曼光谱图

注：图片取自本章参考文献[1]。

拉曼光谱在355.87cm^{-1}的谱峰与铜蓝在355cm^{-1}的特征谱峰基本吻合，推测颜料中含有铜蓝（图5-39）。同时，拉曼光谱在540.26cm^{-1}的谱峰与普鲁士蓝在540cm^{-1}的特征谱峰基本吻合，推测颜料中含有普鲁士蓝（图5-40）。

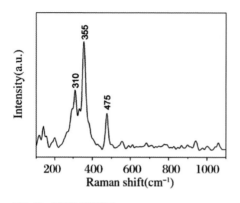
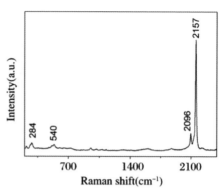

图5-39　铜蓝拉曼光谱图　　　　　　　　　　图5-40　普鲁士蓝拉曼光谱图
注：图片取自本章参考文献[1]。　　　　　　注：图片取自本章参考文献[1]。

　　XH-11试样取样位置为彩画岔角卷草外缘白色描边处，通过对该试样白色颜料颗粒进行拉曼光谱分析。从拉曼光谱中可以看出在735.33cm^{-1}、958.47cm^{-1}的谱峰与白云石在737cm^{-1}、1094cm^{-1}的特征谱峰基本吻合（图5-41），推测颜料中含有白云石。

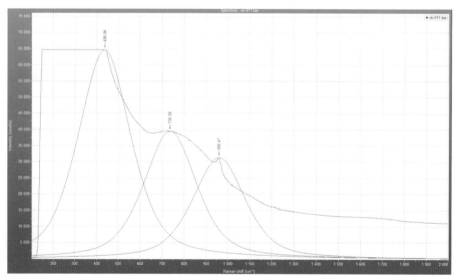

图5-41　XH-11试样拉曼光谱图532nm

5.3.3 绘制工艺推断

　　基于对彩画取样后做的剖面显微分析，我们对五层内槽斗八藻井仙鹤彩画的绘制工艺有了大致的推断。在所有的剖面显微照片中，都能看到在最底层有纸地仗层，而后在纸地仗之上均有一层白色的打底衬地，这一层打底衬地的用途与上文提到的五层内槽向日葵纹天花彩画基本一致，主要有两个作用：一是可以对纸地仗表面做找平处理，方便后续的绘制；二是可以增加表面颜料的吸附力。

结合剖面显微的结果，我们可以大致推断出画匠绘制该彩画的工艺步骤。第一步，画匠在木基层裱纸作地仗，而后用白云石调制颜料并通刷于纸地仗上做打底衬地。第二步，基于彩画的构图，画匠用红色颜料绘制圆鼓子大边，将彩画构图分为圆鼓子区域和岔角区域，岔角区域沿用白色衬地作为地色。而圆鼓子内则用墨线勾绘出仙鹤的体型轮廓，在仙鹤身区域留白，而仙鹤身外圆鼓子内则用青色通刷地色。此处青色虽然未进行拉曼光谱测试，但结合岔角处青色颜料颗粒的拉曼光谱测试结果，可以大致推断应也是人造群青这一类颜料。

第三步，在岔角区域绘制花卉和卷草的纹样，而在圆鼓子内用绿色颜料、红色颜料盖涂在白色衬地上，直接绘制成仙鹤嘴及仙鹤头冠。仙鹤身上的羽毛纹样则用深墨色直接平涂，局部羽毛纹理则用淡墨色做退晕处理。最后，用白色对岔角区域的卷草边缘和花卉边缘做"压白"处理，形成强烈对比（图5-42）。

图5-42 五层内槽斗八藻井仙鹤天花彩画大样图

来源：作者自绘。

5.4 一层南面内槽团窠龙纹天花彩画

一层南面内槽团窠龙纹天花彩画位于一层内槽中心藻井周边方形处，如下图所示（图5-43、图5-44）。

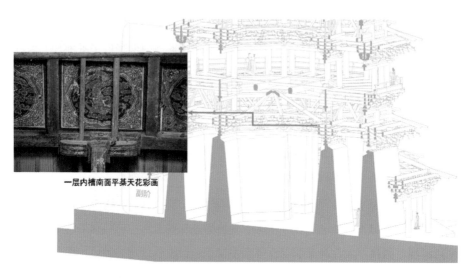

一层内槽南面平棊天花彩画

图5-43 一层南面内槽团窠龙纹天花彩画保存位置示意图

图5-44 研究对象正面影像

在对木塔一层内槽南面团窠云龙天花彩画的调查中，我们意外地在彩画背板后面发现了一组彩画匠的题记（图5-45）。题记内容包含三竖列墨迹，其中最右竖列字迹相对清晰可辨，内容为"康熙六十一年画龙"，而左侧及中间这两竖列字迹相对模糊，几乎无法辨认，但是大致可推测应为画匠的署名。陈明达先生曾在其编著的《应县木塔》一书中对一层内槽南面团窠云龙彩画有过一段描述，认为团窠云

图5-45　研究对象背面影像

龙彩画绘制实属精工，似为明代彩画。可惜当时陈明达先生未能发现彩画背板后的画匠题记，有了这组题记的佐证，我们基本可以断定这组彩画是清康熙六十一年（1722年）的作品。

5.4.1 取样位置

基于对向一层南面内槽团窠龙纹天花彩画绘制工艺的分析，针对彩画主体纹样主色区、彩画团窠地色、团窠内龙纹、岔角地色、岔角卷草花卉等区域进行取样，具体取样位置描述及位置照片见表5-5。

表5-5　一层南面内槽团窠龙纹天花彩画样品信息

编号	位置描述	颜色	位置照片
PQ-01	一层南面内槽团窠龙纹天花彩画方鼓子地色	黑	

编号	位置描述	颜色	位置照片
PQ-02	一层南面内槽团窠龙纹天花彩画方鼓子大边	青	
PQ-03	一层南面内槽团窠龙纹天花彩画岔角卷草处	红、绿	
PQ-04	一层南面内槽团窠龙纹天花彩画岔角地色	绿	
PQ-05	一层南面内槽团窠龙纹天花彩画岔角花卉花瓣	红	
PQ-06	一层南面内槽团窠龙纹天花彩画岔角卷草浅青处	浅青	

编号	位置描述	颜色	位置照片
PQ-07	一层南面内槽团窠龙纹天花彩画岔角卷草深青处	深青	
PQ-08	一层南面内槽团窠龙纹天花彩画岔角黄色卷草处	黄	
PQ-09	一层南面内槽团窠龙纹天花彩画团窠最外侧大边处	浅绿	
PQ-10	一层南面内槽团窠龙纹天花彩画团窠中细边	黑	
PQ-11	一层南面内槽团窠龙纹天花彩画团窠内侧浅青大边	浅青	

编号	位置描述	颜色	位置照片
PQ-12	一层南面内槽团窠龙纹天花彩画团窠内侧浅灰大边	浅灰	
PQ-13	一层南面内槽团窠龙纹天花团窠内地色	黑	
PQ-14	一层南面内槽团窠龙纹天花团窠内绿云	绿	
PQ-15	一层南面内槽团窠龙纹天花团窠内龙爪边红云	红	
PQ-16	一层南面内槽团窠龙纹天花团窠内龙身	黄	

编号	位置描述	颜色	位置照片
PQ-17	一层南面内槽团窠团龙纹天花团窠内龙身外侧龙鳞	绿	
PQ-18	一层南面内槽团窠团龙纹天花团窠内龙爪下部	绿	
PQ-19	一层南面内槽团窠团龙纹天花团窠内龙须	白	

5.4.2 分析结果

通过对试样PQ-01进行微观显微观察，在可见光下可以清楚观察到方鼓子外地色处的颜料涂层自下而上分两层排列：最内层为白色，观测到的厚度为60～75.5μm；最外层为黑色，观测到的厚度为7.3～9.0μm（图5-46）。

通过对试样PQ-02进行微观显微观察，在可见光下可以清楚观察到方鼓子大边处的颜料涂层自下而上分两层排列：最内层为白色，观测到的厚度为171.2～217.8μm；最外层为青色，观测到的厚度为12.4～14.6μm（图5-47）。

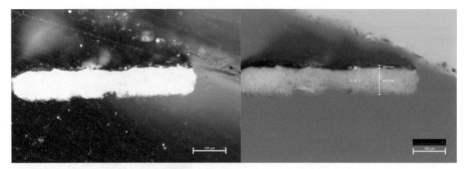

图5-46　PQ-01试样微观显微观察图VIS-200X/UV-200X
来源：李大卫拍摄。

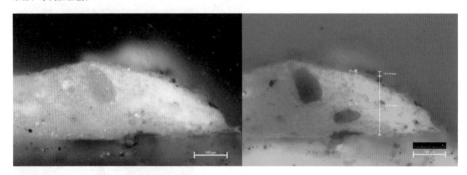

图5-47　PQ-02试样微观显微观察图VIS-200X/UV-200X
来源：李大卫拍摄。

　　通过对试样PQ-03进行微观显微观察，在可见光下可以清楚观察到岔角处卷草的颜料涂层分六层排列（图5-48）。自上而下第一层为红色，观测到的厚度为5.4～8.6 μm；第二层为白色，观测到的厚度为71.9～107.5μm；第三层为绿色，观测到的厚度为25.1～88.5μm；第四层为黄色，观测到的厚度为4.1～63.6μm；第五层为黑色，观测到的厚度为5.2～16.1μm；第六层为白色，观测到的厚度大于164μm。

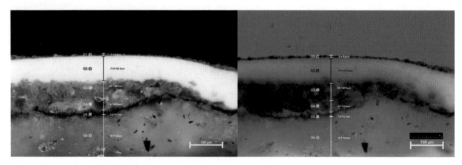

图5-48　PQ-03试样微观显微观察图VIS-200X/UV-200X
来源：李大卫拍摄。

通过对试样PQ-04进行微观显微观察，在可见光下可以清楚观察到岔角地色处的颜料涂层自下而上分三层排列：最内层为白色，观测到的厚度为16.7～58.4μm；中间层为黑色，观测到的厚度为4.1～18.8μm；最外层为绿色，观测到的厚度为83.3～161.4μm（图5-49）。

图5-49　PQ-04试样微观显微观察图VIS-200X/UV-200X
来源：李大卫拍摄。

通过对试样PQ-05进行微观显微观察，在可见光下可以清楚观察到岔角红色花卉处的颜料涂层自下而上分三层排列：最内层为白色，观测到的厚度大于180.1μm；中间层为黄色，观测到的厚度为21.6～111.1μm；最外层为红色，观测到的厚度为15.3～67.1μm（图5-50）。

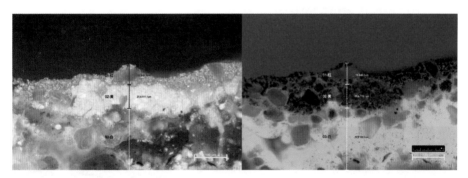

图5-50　PQ-05试样微观显微观察图VIS-200X/UV-200X
来源：李大卫拍摄。

通过对试样PQ-06进行微观显微观察，在可见光下可以清楚观察到岔角卷草浅青处的颜料涂层自下而上分两层排列：最内层为白色，观测到的厚度大于267.1μm；最外层为青色，观测到的厚度为4.2～30.1μm（图5-51）。

图5-51 PQ-06试样微观显微观察图VIS-200X/UV-200X
来源：李大卫拍摄。

通过对试样PQ-07进行微观显微观察，在可见光下可以清楚观察到岔角卷草深青处的颜料涂层自下而上分两层排列：最内层为白色，观测到的厚度为62.1～123.7μm；最外层为青色，观测到的厚度为6.9～41.2μm（图5-52）。

图5-52 PQ-07试样微观显微观察图VIS-200X/UV-200X
来源：李大卫拍摄。

通过对试样PQ-08进行微观显微观察，在可见光下可以清楚观察到岔角黄色卷草处的颜料涂层自下而上分两层排列：最内层为白色，观测到的厚度为53.1～146.1μm；最外层为黄色，观测到的厚度为8.3～58.6μm（图5-53）。

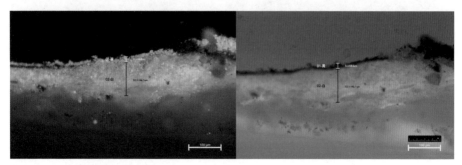

图5-53 PQ-08试样微观显微观察图VIS-200X/UV-200X
来源：李大卫拍摄。

通过对试样PQ-09进行微观显微观察，在可见光下可以清楚观察到团窠最外侧大边处的颜料涂层自下而上分两层排列：最内层为白色，观测到的厚度为62.2～111.1μm；最外层为带有白色地仗的绿色层，观测到的厚度为16.1～25.1μm（图5-54）。

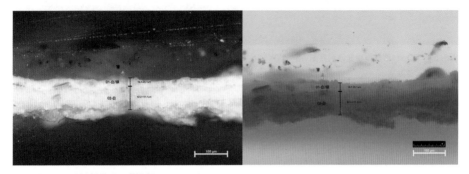

图5-54　PQ-09试样微观显微观察图VIS-200X/UV-200X
来源：李大卫拍摄。

通过对试样PQ-10进行微观显微观察，在可见光下可以清楚观察到团窠中细边处的颜料涂层自下而上分三层排列：最内层为白色，观测到的厚度为48.2～166.3μm；中间层为青色，观测到的厚度为6.2～20.2μm；最外层为黑色，观测到的厚度为18.1～48.2μm（图5-55）。

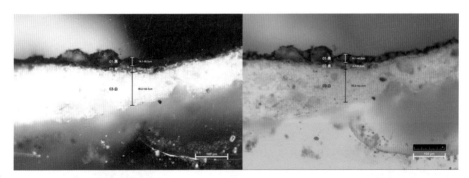

图5-55　PQ-10试样微观显微观察图VIS-200X/UV-200X
来源：李大卫拍摄。

通过对试样PQ-11进行微观显微观察，在可见光下可以清楚观察到团窠内侧浅青大边处的颜料涂层自下而上分两层排列：最内层为白色，观测到的厚度为40.5～75.5μm；最外层为青色，观测到的厚度为13.2～37.1μm（图5-56）。

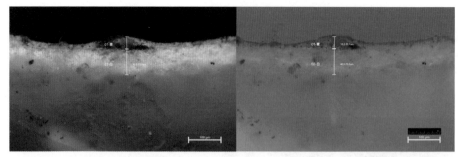

图5-56　PQ-11试样微观显微观察图VIS-200X/UV-200X

来源：李大卫拍摄。

通过对试样PQ-12进行微观显微观察，在可见光下可以清楚观察团窠内侧浅灰大边处的颜料涂层自下而上分两层排列：最内层为白色，观测到的厚度为43.3～68.5μm；最外层为灰色，观测到的厚度为8.3～41.2μm（图5-57）。

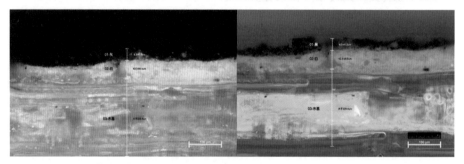

图5-57　PQ-12试样微观显微观察图VIS-200X/UV-200X

来源：李大卫拍摄。

通过对试样PQ-13进行微观显微观察，在可见光下可以清楚观察团窠内地色处的颜料涂层自下而上分两层排列：最内层为白色，观测到的厚度为31.4～211.7μm；最外层为黑色，观测到的厚度为14.2～56.6μm（图5-58）。

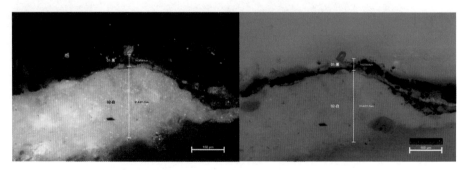

图5-58　PQ-13试样微观显微观察图VIS-200X/UV-200X

来源：李大卫拍摄。

通过对试样PQ-14进行微观显微观察，在可见光下可以清楚观察团窠内绿云处的颜料涂层自下而上分两层排列：最内层为白色，观测到的厚度为53.8～108.3μm；最外层为绿色，观测到的厚度为15.3～68.9μm（图5-59）。

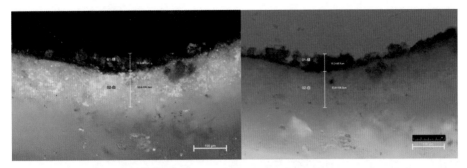

图5-59　PQ-14试样微观显微观察图VIS-200X/UV-200X
来源：李大卫拍摄。

通过对试样PQ-15进行微观显微观察，在可见光下可以清楚观察团窠内龙爪边红云处的颜料涂层自下而上分两层排列：最内层为白色，观测到的厚度大于113.4μm；最外层为红色，观测到的厚度为30.7～104.2μm（图5-60）。

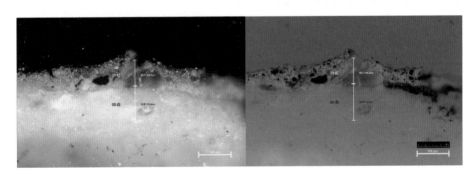

图5-60　PQ-15试样微观显微观察图VIS-200X/UV-200X
来源：李大卫拍摄。

通过对试样PQ-16进行微观显微观察，在可见光下可以清楚观察团窠内龙身处的颜料涂层自下而上分两层排列：最内层为白色，观测到的厚度为43.4～106.2μm；最外层为黄色，观测到的厚度为12.5～39.3μm（图5-61）。

通过对试样PQ-17进行微观显微观察，在可见光下可以清楚观察团窠内龙身外侧龙鳞处的颜料涂层自下而上分三层排列：最内层为白色，观测到的厚度为23.7～74.1μm；中间层为黑色，观测到的厚度为3.4～7.6μm；最外层为绿色，观测到的厚度为32.8～68.5μm（图5-62）。

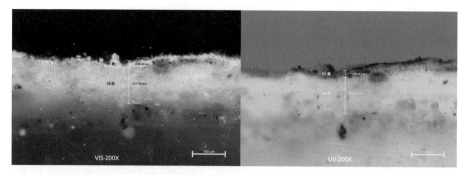

图5-61　PQ-16试样微观显微观察图VIS-200X/UV-200X
来源：李大卫拍摄。

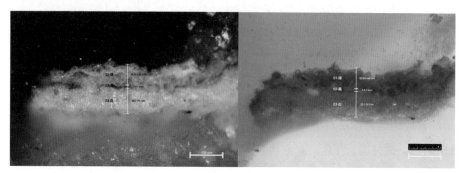

图5-62　PQ-17试样微观显微观察图VIS-200X/UV-200X
来源：李大卫拍摄。

通过对试样PQ-18进行微观显微观察，在可见光下可以清楚观察团窠内龙爪绿处的颜料涂层分四层排列：自上而下第一层为绿色，观测到的厚度为26.5～87.4μm；第二层为黄色，观测到的厚度为2.7～9.7μm；第三层为黑色，观测到的厚度为3.4～17.5μm；第四层为白色，观测到的厚度为22.3～84.5μm（图5-63）。

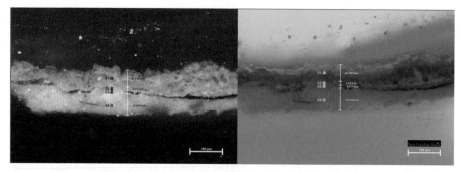

图5-63　PQ-18试样微观显微观察图VIS-200X/UV-200X
来源：李大卫拍摄。

通过对试样PQ-19进行微观显微观察，在可见光下可以清楚观察团窠内龙须处的颜料涂层分三层排列：自上而下第一层为白色，观测到的厚度为8.4～33.5μm；第二层为黄色，观测到的厚度为0～16.5μm；第三层为白色，观测到的厚度为70.5～106.9μm（图5-64）。

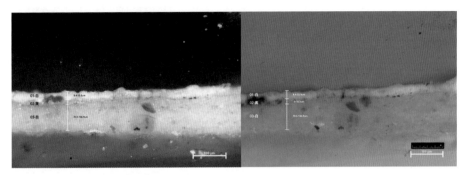

图5-64　PQ-19试样微观显微观察图VIS-200X/UV-200X
来源：李大卫拍摄。

一层南面内槽团窠龙纹天花彩画微观显微观察总结如表5-6所示。

表5-6　一层南面内槽团窠龙纹天花彩画微观显微观察总结表

编号	位置描述	颜色	剖面层数/层	剖面叠压关系（自上而下）	颜料层及剖面分析
PQ-01	一层南面内槽团窠龙纹天花彩画方鼓子地色	黑	2	黑	方鼓子地色
				白	打底找平层
PQ-02	一层南面内槽团窠龙纹天花彩画方鼓子大边	青	2	青	纹样显色层
				白	打底找平层
PQ-03	一层南面内槽团窠龙纹天花彩画岔角卷草处	红、绿	6	红	纹样显色层
				白	—
				绿	—
				黄	—
				黑	岔角地色
				白	打底找平层
PQ-04	一层南面内槽团窠龙纹天花彩画岔角地色	绿	3	绿	纹样显色层
				黑	岔角地色
				白	打底找平层

编号	位置描述	颜色	剖面层数/层	剖面叠压关系（自上而下）	颜料层及剖面分析
PQ-05	一层南面内槽团窠龙纹天花彩画岔角花卉花瓣	红	3	红	纹样显色层
				黄	—
				白	打底找平层
PQ-06	一层南面内槽团窠龙纹天花彩画岔角卷草浅青处	浅青	2	青	纹样显色层
				白	打底找平层
PQ-07	一层南面内槽团窠龙纹天花彩画岔角卷草深青处	深青	2	青	纹样显色层
				白	打底找平层
PQ-08	一层南面内槽团窠龙纹天花彩画岔角黄色卷草处	黄	2	黄	纹样显色层
				白	打底找平层
PQ-09	一层南面内槽团窠龙纹天花彩画团窠最外侧大边处	浅绿	2	绿	纹样显色层
				白	打底找平层
PQ-10	一层南面内槽团窠龙纹天花岔角彩画团窠中细边	黑	3	黑	纹样显色层
				青	—
				白	打底找平层
PQ-11	一层南面内槽团窠龙纹天花彩画团窠内侧浅青大边	浅青	2	青	纹样显色层
				白	打底找平层
PQ-12	一层南面内槽团窠龙纹天花彩画团窠内侧浅灰大边	浅灰	2	灰	纹样显色层
				白	打底找平层
PQ-13	一层南面内槽团窠龙纹天花团窠内地色	黑	2	黑	纹样显色层
				白	打底找平层
PQ-14	一层南面内槽团窠龙纹天花团窠内绿云	绿	2	绿	纹样显色层
				白	打底找平层
PQ-15	一层南面内槽团窠龙纹天花团窠内龙爪边红云	红	2	红	纹样显色层
				白	打底找平层
PQ-16	一层南面内槽团窠龙纹天花团窠内龙身	黄	2	黄	纹样显色层
				白	打底找平层
PQ-17	一层南面内槽团窠龙纹天花团窠内龙身外侧龙鳞	绿	3	绿	纹样显色层
				黑	团窠内地色
				白	打底找平层
PQ-18	一层南面内槽团窠龙纹天花团窠内龙爪绿	绿	4	绿	纹样显色层
				黄	—

编号	位置描述	颜色	剖面层数/层	剖面叠压关系（自上而下）	颜料层及剖面分析
PQ-18	一层南面内槽团窠龙纹天花团窠内龙爪绿	绿	4	黑	团窠内地色
				白	打底找平层
PQ-19	一层南面内槽团窠龙纹天花团窠内龙须	白	3	白	纹样显色层
				黄	—
				白	打底找平层

5.4.3 绘制工艺推断

基于对彩画取样后做的剖面显微分析，我们对一层南面内槽团窠龙纹天花彩画的绘制工艺有了大致的推断。从所有的剖面显微照片中都能看到在最底层有一层白色打底衬地，这一层打底衬地的用途与上文提到的五层内槽向日葵纹天花彩画和五层内槽斗八藻井仙鹤彩画基本一致，主要有两个作用：一是可以对纸地仗表面作找平处理，方便后续的绘制；二是可以增加表面颜料的吸附力。巧合的是，这三处彩画均在绘制工艺上使用了白色衬地做法，可见这应属该地区彩画木基层处理的统一做法。

而在岔角区域的处理上，画匠先于白色衬地上通刷黑色作为岔角区域和方鼓子区域的地色，而后用青色在黑色地色上直接绘制方鼓子的大边和团窠的大边。岔角区域的卷草及花卉的绘制遵循如下顺序：第一步，在满刷黑色的地色上用黄色刷涂成卷草及花卉的形态，此时花卉和卷草均以黄色表达，二者并未分色；第二步，在花卉区域和部分卷草区域用红色对黄色进行涂盖，少部分区域用黑色对黄色涂盖，如花蕾区域；第三步，用绿色对岔角内花卉及卷草以外的区域进行通刷，形成最终所见到的绿色岔角地色；最后一步，用白色对花卉及卷草的外轮廓进行勾绘，形成强烈对比。

在团窠内的处理和岔角区域相仿，画匠也是先于白色衬地上通刷黑色作为团窠内的地色。不同的是，画匠会在刷地色之前对团窠内龙身和祥云的区域做留白处理，而后对龙身的区域用黄色进行刷涂，而祥云则分别刷涂红色和绿色。

值得注意的是，在对PQ-16、PQ-17、PQ-18这三处样品的显微剖面进行对比分析时，我们发现了在绿色龙鳞颜料层之下有黑色的地色层，但却不见黄色的龙身颜料层的现象。这一现象说明，绿色龙鳞区域的纹样为后期补画而成，我们推测原有的构图中龙身外侧应该没有龙鳞。同样，我们在龙爪区域也发现了些许异样，据前文显微分析所述，黄色龙身之下应直接为白色衬地层，但是龙爪区域的黄色颜料层之下竟然出现了黑色地色颜料层，这说明龙爪区域的纹样绘制应晚于黑色地色的绘制，因此我们猜测龙爪区域的纹样应属后期成图后再添画而成。

图5-65　一层南面内槽团窠龙纹天花大样线稿图
来源：王昂绘制。

结合上述发现，我们对基于剖面显微分析推断的工艺做法展开进一步的分析：在绘制这幅团窠龙纹天花彩画时，画匠存在构图上的取舍。为了使得龙身显得更加丰满，画匠在原已涂刷黑色地色的区域重新用绿色涂盖成龙鳞纹样，使得团窠内的龙显得更加丰满。同时，在已经绘制完成的区域将龙爪进行延伸，既使得云龙整体更加舒展，也使得整体的构图更加饱满和充实（图5-65、图5-66）。

图5-66　一层南面内槽团窠龙纹天花改绘区域示意图

来源：王昂绘制。

参考文献

[1] 孙大章. 中国古代建筑彩画 [M]. 北京：中国建筑工业出版社，2006.

[2] 何俊寿. 中国建筑彩画图集 [M]. 天津：天津大学出版社，2006.

[3] 蒋广全. 中国清代官式建筑彩画技术 [M]. 北京：中国建筑工业出版社，2005.

[4] 李路珂. 营造法式彩画研究 [M]. 南京：东南大学出版社，2011.

[5] 边精一. 中国古建筑油漆彩画 [M]. 北京：中国建材工业出版社，2007.

[6] 杨红，王时伟，故宫博物院古建部. 建筑彩画研究 [M]. 天津：天津大学出版社，2016.

[7] 王璞子. 清官式建筑的油饰彩画 [J]. 故宫博物院院刊，1983（4）：64-72.

[8] 段牛斗. 清代官式建筑油漆彩画技艺传承研究 [D]. 北京：中央美术学院，2010.

[9] 朱铃. 清代早中期北方皇家园林建筑彩画研究 [D]. 北京：北方工业大学，2012.

[10] 李路珂.《营造法式》彩画色彩初探 [M] // 李砚祖. 艺术与科学：卷 2. 北京：清华大学出版社，2006.

[11] 杜仙洲. 中国古建筑修缮技术 [M]. 北京：中国建筑工业出版社，1983.

[12] 严静. 中国古建油饰彩画颜料成分分析及制作工艺研究 [D]. 西安：西北大学，2010.

[13] 张昕. 晋系风土建筑彩画研究 [M]. 南京：东南大学出版社，2008.

[14] 杨红，纪立芳. 慈宁宫区建筑彩画年代考略 [J]. 故宫博物院院刊，2013（6）：109-126+160.

[15] 中国文化遗产研究院. 中国文化遗产研究院优秀文物保护项目成果集（2011—2013）[M]. 北京：文物出版社，2015.

[16] 苏珊，雷勇. 建筑彩绘分析技术在美国的发展及其在故宫保护中的应用 [J]. 故宫博物院院刊，2018（3）：143-149+163.

[17] 郭瑞. 山西民间古建筑油饰彩画制作材料及工艺分析 [D]. 西安：西北大学，2014.

[18] 李越，刘梦雨. 慈宁宫花园临溪亭天花彩画材料工艺的科学研究 [J]. 故宫博物院院刊，2018（6）：45-63.

[19] 宋路易. 故宫景福宫建筑彩画及颜料构成研究 [D]. 北京：北京工业大学，2017.

[20] 胡可佳，白崇斌，马琳燕，等. 陕西安康紫阳北五省会馆壁画颜料分析研究[J]. 文物保护与考古科学，2013，25（4）：65-72.

[21] 杨红，刘梦雨. 故宫东华门内檐彩画的保护修复与分析 [J]. 故宫学刊，2016（1）：221-236.

[22] 王斌，余辉，金·博维，等. 清代外销油画《镇海楼》颜料的分析鉴别 [J]. 文物保护与考古科学，2017（2）：82-88.

[23] 王丹青. 故宫藏请神亭装饰表面分析及试验性修复 [D]. 北京：清华大学，2017.

[24] 甘清. 清末蟠龙邮票印刷材料无损鉴定 [D]. 北京：北京印刷学院，2016.

[25] 马越，雷勇，王时伟. 故宫玉粹轩壁纸成分分析与工艺研究 [J]. 故宫博物院院刊，2017（1）：154-159+163.

[26] 刘梦雨，刘畅. 平遥镇国寺天王殿外檐斗栱彩画历史信息解读 [J]. 中国建筑史论汇刊，2015（1）：252-265.

[27] 刘梦雨，雷雅仙. 平遥镇国寺万佛殿椽头彩画初探 [J]. 建筑史，2012（3）：36-54.

[28] 刘畅，廖慧农，李树盛. 山西平遥镇国寺万佛殿与天王殿精细测绘报告[M]. 北京:清华大学出版社，2013.

[29] 刘梦雨. 基于显微分析技术的山西陵川南吉祥寺中央殿彩画历史信息解读 [G] // 中国建筑学会建

筑史学分会，清华大学建筑学院，东南大学建筑学院，等．宁波保国寺大殿建成1000周年学术研讨会暨中国建筑学会史学分会2013年年会论文集，2013：351-366.

[30] 郭宏，黄槐武，谢日万，等．广西富川百柱庙建筑彩绘的保护修复研究［J］．文物保护与考古科学，2003，15（4）：31-36+69.

[31] 杨波，李广华，曲亮，等．清宫彩绘玻璃画初步科学分析研究［J］．中国文物科学研究，2017（3）：72-79.

[32] 成小林，杨琴．三种含Cu、As绿色颜料的拉曼光谱研究［J］．文物保护与考古科学，2015，27（3）：84-89.

[33] 何伟俊．常熟彩衣堂彩画蓝色颜料研究［J］．文物保护与考古科学，2016，28（3）：19-24.

[34] 李蔓，夏寅，于群力，等．四川广元千佛崖石窟绿色颜料分析研究［J］．文物保护与考古科学，2014，26（2）：22-27.

[35] 王丽琴，严静，樊晓蕾，等．中国北方古建油饰彩画中绿色颜料的光谱分析［J］．光谱学与光谱分析，2010，30（2）：453-457.

[36] 张亚旭，王丽琴，吴玥，等．西安钟楼建筑彩画样品材质分析［J］．文物保护与考古科学，2015，27（4）：45-49.

[37] 严静，王丽琴，李立．北京颐和园古建筑上红色颜料的分析研究［J］．分析科学学报，2010（6）：275-278.

[38] 郝生财，施继龙，王纪刚，等．清代工笔云龙水波纹绘画颜料及技法研究［J］．光谱学与光谱分析，2016，36（2）：487-490.

[39] 王玉，张晓彤，吴娜．成都武侯祠彩绘泥塑颜料的拉曼光谱分析［J］．光散射学报，2015，27（4）：355-358.

[40] 雷中宾，吴玉清，张涛，等．故宫大高玄殿古建筑群多层彩画颜料成分研究［J］．表面技术，2017，46（2）：8-17.

[41] 赵凤燕，冯健，孙满利，等．西安周至胡家堡关帝庙壁画颜料分析研究［J］．文博，2017（4）：95-100.

[42] 严静．中国古建油饰彩画颜料成分分析及制作工艺研究［D］．西安：西北大学，2010.

[43] 樊娟，贺林．彬县大佛寺石窟彩绘保护研究［J］．敦煌研究，1996（1）：15.

[44] 张婵．清代通草水彩画颜料的原位无损分析［J/OL］．光散射学报，2019（1）：60-65［2018-11-15］．http://kns.cnki.net/kcms/detail/51.1395.o4.20181016.1618.002.html.

[45] 夏寅，王伟锋，刘林西，等．甘肃省天水伏羲庙壁画颜料显微分析［J］．文物保护与考古科学，2011（2）：18-24.

[46] 于宗仁，赵林毅，李燕飞，等．马蹄寺、天梯山和炳灵寺石窟壁画颜料分析［J］．敦煌研究，2005（4）：67-70.

[47] 付倩丽，夏寅，王伟锋，等．定边郝滩东汉壁画墓绿色底层颜料分析研究［J］．文物保护与考古科学，2012（1）：38-43.

[48] 雷勇，成小林，杨红，等．进口蓝色颜料Smalt在故宫建福宫彩画中的使用和保存状况研究［J］．故宫博物院院刊，2010（4）：140-156+163.

[49] 赵国兴．浅析壁画的颜料分类及日常养护：以阿尔寨石窟为例［J］．鄂尔多斯文化，2013（2）：30-32.

[50] 范宇权，陈兴国，李最雄，等. 古代壁画中稀有绿色颜料斜氯铜矿的微区衍射分析（英文）[J].
兰州大学学报，2004（5）：52-55.

[51] 陈青，韦荃. 新都龙藏寺壁画使用颜料的研究 [J]. 四川文物，2004（6）：87-90.

[52] 于宗仁，孙柏年，范宇权，等. 榆林窟元代壁画黄色颜料初步研究 [J]. 敦煌研究，2008（6）：
46-49+121.

[53] 惠任，刘成，尹申平. 陕西旬邑东汉壁画墓黄色颜料研究 [G] // 中国文物保护技术协会. 中国文
物保护技术协会第二届学术年会论文集. 2002：129-133.

[54] 胡可佳，白崇斌，马琳燕，等. 陕西安康紫阳北五省会馆壁画颜料分析研究[J]. 文物保护与考古科学，
2013（4）：65-72.

[55] 周国信. 敦煌西千佛洞壁画彩塑颜料剖析报告 [J]. 考古，1990（5）：467-470+475.

[56] 黄烘，刘乃涛，许瑞梅，等. 清代西天梵境金龙和玺彩画的显微分析 [J]. 现代科学仪器，2010（6）：
101-104.

[57] 任亚云，杨志国. 北京智化寺智化殿壁画保护修复实施中的思考 [C] // 中国文物保护技术协会，
湖北省博物馆. 中国文物保护技术协会第八次学术年会论文集. 北京：科学出版社，2015.

[58] 周双林，陈卉丽. 从一片大足石刻千手观音表面金箔分析获得的信息 [J]. 电子显微学报，2013，
32（1）：90-93.

[59] 王进玉，李军，唐静娟，等. 青海瞿昙寺壁画颜料的研究 [J]. 文物保护与考古科学，1993（2）：
23-35.

[60] 井娟，张媛. 章丘元墓壁画颜料分析 [J]. 济南职业学院学报，2012（6）：4-6.

[61] 王乐乐，李志敏，张晓彤，等. 西藏拉萨大昭寺转经廊壁画制作工艺研究 [J]. 文物保护与考古科学，
2014，26（4）：84-92.

[62] 王力丹，郭宏. 江孜白居寺吉祥多门塔壁画制作材料与绘画工艺研究 [J]. 中国藏学，2013（4）：
174-180+205.

[63] MAZZEO R，Cam D，Chiavari G，等. 中国明代木质古建西安鼓楼彩绘的分析研究 [J]. 文物保护与
考古科学，2005，17（2）：9-15.

[64] 李志敏，王乐乐，张晓彤，等. 便携式 X 射线荧光现场分析壁画颜料适用性研究：以西藏拉萨大
昭寺壁画为例 [J]. 中国文物科学研究，2013（4）：64-67.

[65] 何秋菊，李涛，施继龙，等. 道教人物画像颜料的原位无损分析 [J]. 文物保护与考古科学，
2010，22（3）：61-68.

[66] 包嫒迪. 清代浙东婚床研究 [D]. 北京：清华大学，2013.

[67] 符津铭，柏小剑，黄斐，等. 佛光寺东大殿彩画制作材料及工艺研究 [J]. 文物世界，2015（4）：
73-77.

[68] 何伟俊. 江苏省古建筑无地仗层彩绘传统制作工艺研究 [J]. 东南文化，2009（5）：101-107.

大棚组

朴世禺　文雯　赵亚男　张博宏

站在应县木塔的脚下，

仰望暮年的巨人。

你我矮小的护士，

如何，挽扶巨人的身躯？

如何，整理千年的记忆？

侏儒插上翅膀的梦想，

变身航天一般的诊房。

思绪，野马般的奔腾，

——皆因我们终极的使命，

一端在星际，

一端在往昔。

6.1 建设必要性

建于辽清宁二年（1056年）的木塔，通高67.31m，是世界上现存年代最早、尺度最高的木塔。其本身建筑手法的丰富和塑像技艺的高超使之成为我国古代木构建筑的杰作，而它近千年来承载的战火与和平更使之成为历经艰险、顽强不屈的民族脊梁的象征。木塔宝贵的历史价值、艺术价值、科学价值、社会价值和文化价值无需赘言。然而近百年来，由于不当干预、战争和地震的破坏，木塔已然发生67cm的严重倾斜，并正以每年2mm的速度继续增加，随时面临倒塌的危险。木塔确实"生病"了，病得还很厉害。1991年，木塔维修工程正式立项，至今仍未达成一致方案。

木塔的抢救性保护迫在眉睫。国家《"十四五"文物保护和科技创新规划》提出："完善对存在重大险情、重大隐患的文物保护单位开展抢救性保护的机制。实施研究性文物保护项目，发布技术规程，支持文物建筑修缮传统材料生产、营造技艺传承。完善文物保护工程勘察设计、施工、监理等管理制度。"另外，此规划在"重大文物保护工程"专栏中强调，遴选应县木塔100处"代表中华文明不同发展阶段和不同区域特点的文物建筑，整体保护建筑本体及周边环境，完善文化服务和配套设施，研究传承营造理念方法，阐释展示历史文化价值，弘扬中华优秀传统文化"。

对木塔这一行动不便的"老病人"而言，就地建设"特需医疗系统"无疑是极有必要的方案。邀请遗产保护相关的多种支撑学科专家现场进行"全科会诊"，确定治疗方案；专业人员进行精准手术和全程护理。无论选用何种方案，软件系统的实现都需要硬件空间的承载。作为抢救性保护物质载体的"木塔医院"在位置上应分为"前线"和"后方"两大空间。基于木塔原址建立的针对本体的"ICU病房"，应兼具"诊疗室""手术室"和"监护室"的功能。非必要在本体完成的工作则宜设置在异地，承担"会议室""化验室""药房"等职能。前线病房通常以保护工作棚的形式落实，具有直接性、临时性等特征，后方机构往往作为指挥部和研究院长期存在，为保护工作提供全方位的专业指导和保障支持。前后双方高效配合，相辅相成，缺一不可，共同组成木塔医院短期和长期健康运转的两大要件。

6.2 国内外保护工作棚设计综述

6.2.1 建筑遗产保护工作棚的基本概念与特殊需求

《中国文物古迹保护准则》中，对建筑遗产的保护性设施有如下定义，即保障文物古迹和人员安全的防护性措施。其中既包含必须建设的监控用房、文物库房、设备用房、避雷工程等基本建筑设施，也包含如遗址上方的保护棚罩等保护性建筑物。在《文物保护工程设计文件编制深度要求（试行）》中，这种保护罩类建筑物被定名为防护棚罩。本文将建筑保护工程中用于覆盖保护对象并具备其他功能的保护罩、工棚等均称为保护工作棚，其包含脚手架、屋面及围护结构，于保护工程结束后拆除。《建筑遗产保护学》中，对保护性建筑的特点有如下描述：

"可以认为，保护性建筑是一种利用人工营造空间的建筑及技术手段，以封闭或半封闭方式在原址将文物的整体或局部覆罩起来的理想场所。另一方面也可用作持续的记录、考古、研究、展示及公众教育。但两者之间，对本体的保护是保护性设施设计的基本前提与首要条件，建筑师的自我表达应当服从于保护的功能需求。"

但一直以来，作为重要的预防性保护措施，遗产保护界对遗址类遗产的防护棚罩及通常与其密切联系的博物馆等保护性建筑关注较多，而对建筑遗产保护过程中的保护棚设计及建造关注相对较少。现有中文公开资料中，仅有清华大学荣山庆二的博士论文《日本文物建筑保护及维修方法研究》中有对日本建筑遗产保护工作棚的简短介绍。清华大学《佛光寺东大殿建筑勘察研究报告》、中国文化遗产研究院所出《应县木塔保护研究》等专著中有对相关方案的介绍与分析，却因其自身的针对性而缺少较全面的综述性的内容。由研究人员进行的专项相关设计除此二项重大工程外寥寥无几，更多施工过程中的保护工棚则完全由修缮工程的施工方负责，被包含于施工专项设计中。正如《建筑遗产保护学》中所言：

"保护性建筑的大量需求来源于对遗址的保护，同时往往会结合遗址现场的博物馆，将遗址保护和展示的功能结合起来，形成遗址类的保护性建筑。对于地面建筑，由于完整保存的建筑通常都是可直接露天保存者，因此只是在保护修缮时会临时加保护工棚。"

地面建筑的保护工棚与遗址保护棚在理论上同属于临时建筑，对建设方式及构造等均有可逆性的规定，但地面建筑的保护工棚之临时性更强、具有更为明确的拆除时间——一旦本体保护工程结束便面临拆除——也因此对结构构造及施工组织中的可逆性、经济性、便捷性、安全性设计等诸多方面有着更高的要求。

我国传统脚手架保护棚由杉篙绑扎而成，后演变为钢管-环锁（扣件）拼装（图6-1）。总体而言，这类脚手架灵活、易施工、经济性强。但需要跨空搭建时通常体量巨大，不仅总体荷载增加，在跨越保护建筑本体进行施工时也存在一定的危险性——无论对本体还是对施工人员。同时，在建筑本体体量越大、施工工期越长时，其总体经济性优势下降速率越高。

随着文化遗产保护行业的发展，相关科研工作中现场工作的比例加重、科技检测分析或保护的手段逐步增多，加之公众对建筑遗产的教育需求日渐增加、预

图6-1　太和殿大修工程脚手架外观

来源：故宫博物院资料信息部提供。

防性保护意识不断提高等因素，保护工棚在对结构不断提出轻量化优化要求的同时，功能也逐渐复杂化，这就对脚手架及保护棚的材料选择、结构形式、建造体系设计等诸多方面提出了更高的要求，形成了综合功能的保护工作棚。在世界范围内，多种类型的保护工作棚在近年大量出现，同时我国也面临着佛光寺、应县木塔等重要建筑的大型保护工程的开展，对相关方案的了解有着迫切的需要，现有必要对这一类型的建筑进行梳理。

6.2.2 建筑遗产保护工作棚的建设条件与结构选型

最基本的需求，是为下部进行中的建筑保护工程创造一个覆盖物，以遮蔽天气对保护建筑本体的影响。所以，在保护工作棚设计中，最重要的问题是如何通过合理的结构构造形式解决屋面的跨度问题。同时，为便于后续灵活施工，需要屋面结构体系与脚手架体系存在一定的兼容性——无论是从构造层面，还是从工法层面。于是，与脚手架系统相近的钢结构作为主要结构，并同高分子膜等轻质围护材料组合的形式，成为保护工作棚设计中的首要选择。

将由脚手架杆件拼装组成的桁架替换为型材桁架，既节约空间高度，又减轻自重，同时可引入轻型结构的预制建造体系，使桁架在保护建筑投影范围外整榀拼装后逐步或整体滑移至建筑上方，避免跨越式施工，以减少跨越式施工时对建筑本体造成不良影响的可能（图6-2）。

保护棚桁架同下部脚手架连接方式的设计成为结构选型或体系设计时的分水岭——到底是在脚手架基础上发展保护棚，还是将保护棚与脚手架脱离从而进行独立设计，对保护棚结构构造形式的选择与发展截然不同。而其中的影响因素，则涉及存在时间、承担功能、最大跨度等多方面问题。

保护工作棚在脚手架基础上进行二次开发应用的案例中，最典型也是被最广泛使用于欧洲的是对源自德国的Layher脚手架系统的二次开发。Layher公司所生产的脚手架为环锁系统承插式脚手架，该系统是将圆花形连接器——穿孔圆盘——焊接到垂直的柱上。圆盘使水平杆与垂直柱之间形成钩状连接，构成了牢固的刚性节点。在此基础上进一步进行屋面结构与构造的体系化设计，通过对桁架、支座、轨道、滑轮等构件的拆分，采用产品化的思路设计并生产出标准化组件（图6-3、图6-4），用不同拼装方式形成桁架或张弦桁架等不同结构形式以解

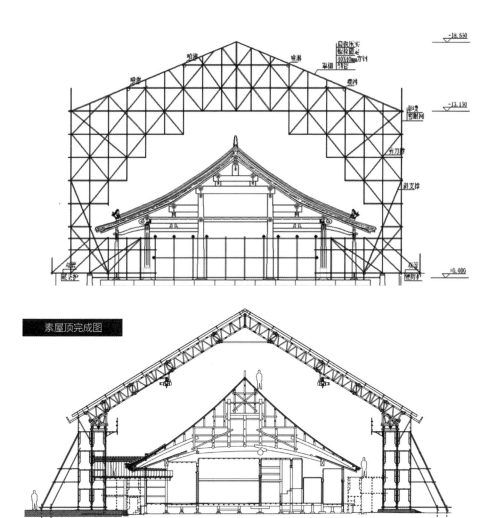

图6-2　传统脚手架保护棚（上）与型材桁架保护棚（下）结构形式净高对比图

注：上图由朴世禹根据故宫某脚手架工程改绘，下图出自《大安寺本堂修缮计划》，https://genpou.jp/repair/。

决不同的跨度问题（图6-5）。这类拼装式桁架在构件层面因其轻量化与预制化从而具备极大的灵活性，在降低了运输成本与地面荷载的同时，也减少了安装制作的时间，使用小型吊车及部分人工的方式即可安装。构件的标准化生产，使针对不同跨度进行准确选型及定量成为可能——产品说明中所提供的多种跨度构件选型及数量表（图6-6）正说明了这一点——这不仅便于进行经济性的设计计算工作，也利于在结构层面估算总体荷载，对本体及周边土基层的影响在设计阶段即可准确预判，以达到最小干预之目的。

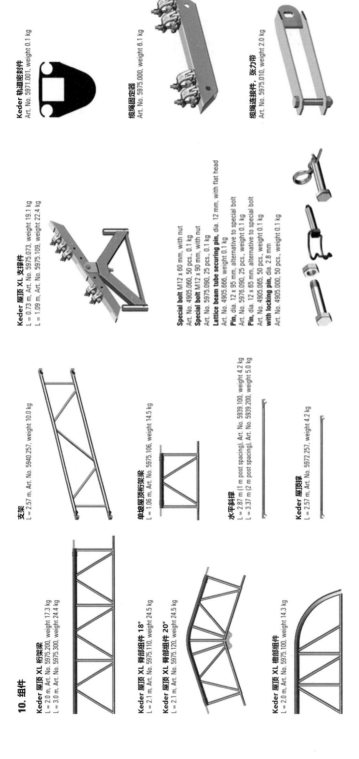

Keder 轨道密封件
Art. No. 5971.001, weight 0.1 kg

绳绳固定器
Art. No. 5975.000, weight 6.1 kg

绳绳连接件，张力带
Art. No. 5975.010, weight 2.0 kg

Keder 屋顶 XL 支撑件
L = 0.73 m, Art. No. 5975.073, weight 19.1 kg
L = 1.09 m, Art. No. 5975.109, weight 22.4 kg

Special bolt M12 x 60 mm, with nut
Art. No. 4905.060, 50 pcs., 0.1 kg
Special bolt M12 x 90 mm, with nut
Art. No. 5975.090, 25 pcs., 0.1 kg
Lattice beam tube securing pin, dia. 12 mm, with flat head
Art. No. 4905.666, weight 0.1 kg
Pin, dia. 12 x 95 mm, alternative to special bolt
Art. No. 5976.090, 25 pcs., weight 0.1 kg
Pin, dia. 12 x 65 mm, alternative to special bolt
Art. No. 4905.065, 50 pcs, weight 0.1 kg
with locking pin, dia. 2.8 mm
Art. No. 4905.000, 50 pcs., weight 0.1 kg

10. 组件

Keder 屋顶 XL 桁架梁
L = 2.0 m, Art. No. 5975.200, weight 17.3 kg
L = 3.0 m, Art. No. 5975.300, weight 24.4 kg

支架
L = 2.57 m, Art. No. 5940.257, weight 10.0 kg

Keder 屋顶 XL 脊部组件 18°
L = 2.1 m, Art. No. 5975.110, weight 24.5 kg

Keder 屋顶 XL 脊部组件 20°
L = 2.1 m, Art. No. 5975.120, weight 24.5 kg

单坡屋顶折架梁
L = 1.06 m, Art. No. 5975.106, weight 14.5 kg

水平斜撑
L = 2.87 m (1 m post spacing), Art. No. 5939.100, weight 4.2 kg
L = 3.37 m (2 m post spacing), Art. No. 5939.200, weight 5.0 kg

Keder 屋顶檐
L = 2.57 m, Art. No. 5972.257, weight 4.2 kg

Keder 屋顶 XL 檐部组件
L = 2.0 m, Art. No. 5975.100, weight 14.3 kg

图6-3 Layher脚手架系统零件图

作者根据以下资料翻译改绘：Layher公司产品说明手册，https://www.layher.co.uk/。

图6-4　Layher脚手架系统节点组
装照片

图片来源：https://www.layher.
co.uk/。

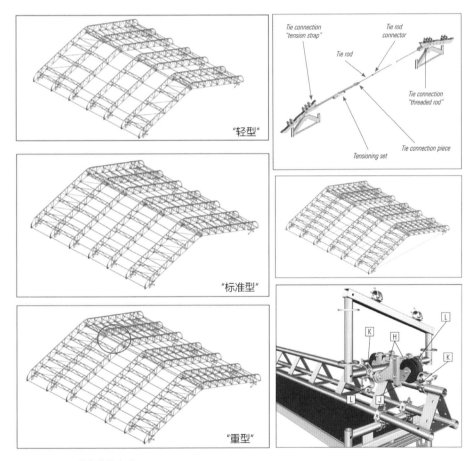

图6-5　Layher桁架结构选型图

作者根据以下资料翻译改绘：Layher公司产品说明手册，https://www.layher.co.uk/。

Keder屋顶XL型构件—18°双坡 无拉杆梁屋顶荷载承载能力（结构固定安装）							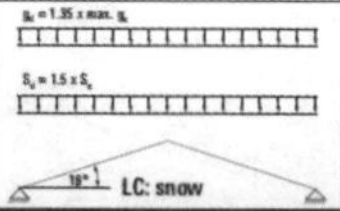 LC: snow			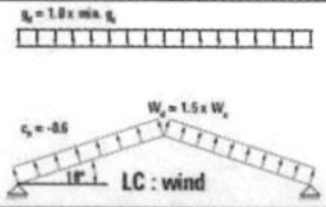 LC: wind				
	桁架尺度			桁架间距 b = 2.57 m			雪荷载最大值			风荷载最大值				
No.	Roof width B [m]	Span L [m]	斜撑型号	max. $\hat{g}_k$ [kN/m]	min. $\hat{g}_k$ [kN/m]	连接件数量 屋顶支撑	max. $\tilde{S}_d$ [kN/m]	max. s_k [kN/m²]	max. A_d [kN]	max. $\tilde{w}_d$ [kN/m]	max. w_k [kN/m²] (c_{pe} = -0.6)	max. q_k (c_{pe} = -0.6) [kN/m²]	max. v_{ref} [m/s]	min. A_d [kN]
1	11.60	9.60	Light	0.172	0.154		3.75	0.97	23.0	-1.68	-0.44	0.73	34.11	-8.8
			Standard	0.203	0.175	2	3.70	0.96	23.0	-5.42	-1.40	2.34	61.18	-30.3
			Heavy	0.227	0.196		4.74	1.23	29.1	-5.44	-1.41	2.34	61.31	-30.3
2	13.50	11.50	Light	0.172	0.154		2.50	0.65	18.3	-1.19	-0.31	0.51	28.67	-7.0
			Standard	0.203	0.175	2	2.45	0.64	18.3	-3.86	-1.00	1.67	51.65	-24.8
			Heavy	0.227	0.196		3.88	1.01	28.2	-3.89	-1.01	1.68	51.83	-24.8
3	15.40	13.40	Light	0.172	0.154		1.75	0.45	15.2	-0.91	-0.23	0.39	25.02	-5.8
			Standard	0.203	0.175	2	1.71	0.44	15.2	-2.85	-0.74	1.23	44.34	-20.5
			Heavy	0.227	0.196		2.76	0.72	23.5	-2.87	-0.74	1.24	44.52	-20.5
4	17.30	15.30	Light	0.172	0.154		1.28	0.33	13.1	-0.73	-0.19[2]	0.31	22.42	-4.9
			Standard	0.203	0.175	2	1.24	0.32	13.0	-2.20	-0.57	0.95	39.00	-17.5
			Heavy	0.227	0.196		2.01	0.52	20.0	-2.23	-0.58	0.96	39.23	-17.5
5	19.20	17.20	Light	0.172	0.154		0.96	0.25	11.4	-0.60	-0.16[2]	0.26	20.43	-4.3
			Standard	0.203	0.175	2	0.91	0.24	11.4	-1.77	-0.46	0.76	34.97	-15.3
			Heavy	0.227	0.196		1.52	0.39	17.5	-1.79	-0.47	0.78	35.21	-15.3
6	21.10	19.10	Light	0.172	0.154		0.73	0.19	10.1	-0.52	-0.14[2]	0.23	19.01	-3.9
			Standard	0.203	0.175	2	0.69	0.18	10.1	-1.47	-0.38	0.63	31.82	-13.6
			Heavy	0.227	0.196		1.16	0.30	15.4	-1.49	-0.39	0.64	32.09	-13.6
7	23.00	21.00	Light	0.172	0.154		0.56	0.15	9.1	-0.46	-0.12[2]	0.20	17.85	-3.5
			Standard	0.203	0.175	2	0.52	0.13	9.1	-1.24	-0.32	0.55	29.30	-12.2
			Heavy	0.227	0.196		0.91	0.23	13.9	-1.27	-0.33	0.55	29.60	-12.3
8	24.90	22.90	Light	0.172	0.154		0.44	0.11	8.3	-0.41	-0.11[2]	0.18	16.92	-3.2
			Standard	0.203	0.175	2	0.39	0.10	8.3	-1.08	-0.28	0.46	27.27	-11.2
			Heavy	0.227	0.196		0.68	0.18	12.6	-1.10	-0.29	0.48	27.57	-11.2
9	26.80	24.80	Light	0.172	0.154		0.34	0.09[1]	7.6	-0.38	-0.10[2]	0.16	16.16	-3.0
			Standard	0.203	0.175	2	0.29	0.08[1]	7.6	-0.95	-0.24	0.41	25.56	-10.3
			Heavy	0.227	0.196		0.56	0.14	11.5	-0.97	-0.25	0.42	25.89	-10.4
10	28.70	26.70	Light	0.172	0.154		0.26	0.07[1]	7.0	-0.35	-0.09[2]	0.15	15.53	-2.8
			Standard	0.203	0.175	2	0.21	0.06[1]	7.0	-0.84	-0.22	0.36	24.11	-9.5
			Heavy	0.227	0.196		0.44	0.11	10.6	-0.87	-0.22	0.37	24.48	-9.6
11	30.60	28.60	Light	0.172	0.154		0.19	0.05[1]	6.5	-0.33	-0.08[2]	0.14	15.03	-2.6
			Standard	0.203	0.175	2	0.15	0.04[1]	6.5	-0.76	-0.20	0.33	22.89	-8.9
			Heavy	0.227	0.196		0.34	0.09[1]	9.9	-0.78	-0.20[2]	0.34	23.28	-9.0

图6-6　Layher桁架结构数据表
作者根据以下资料翻译：Layher公司产品说明手册，https://www.layher.co.uk/。

在对位于英国的坦普斯德福大厅（Tempsford hall）的保护施工过程中，其保护工作棚的解决方案便选择了 Layher 的脚手架—保护棚系统（图6-7、图6-8、图6-9）。该解决方案中，脚手架系统环绕建筑本体一周，屋面桁架结构位于本体外侧分段安装，并通过滑轮轨道装置逐步滑移至设计位置，避免了本体上部的跨越式施工。方案中屋面覆盖率始终保持着建筑的55%，匹配了屋面分段修缮的过程，同时也能够最大程度地降低荷载并节省成本。

巴黎圣母院大火后，为完成对大火后半熔化的 250t 旧脚手架及铅污染的清理，以及对石材拱顶表面使用纤维增强材料进行加固，其上部搭建的保护

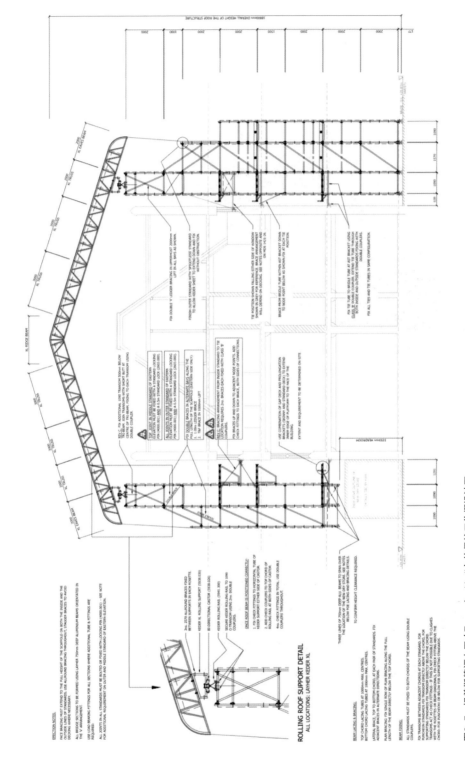

图6-7 坦普斯德福大厅（Tempsford hall）的保护工作棚设计图

图片来源：https://www.483.co.uk/what-we-do/scaffold-design/design-calculations。

图6-8 坦普斯德福大厅（Tempsford hall）的保护工作棚建造过程

图片来源：https://www.483.co.uk/portfolio/tempsford-hall。

图6-9 坦普斯德福大厅（Tempsford hall）的保护工作棚建成效果

图片来源：https://www.483.co.uk/portfolio/tempsford-hall。

棚选择了同样的建造方式——在脚手架上部采用预制的轻型桁架屋面，并通过滑轮—轨道系统进行连接（图6-10、图6-11）。屋面覆盖范围较小，长度约两间，整体随着清理等工作进度变化而移动。在最大程度减轻荷载、保证安全性与经济性等因素外，也有同时减小高空中风压对保护棚整体稳定性影响等考量。

但值得注意的是，Layher 系统及类似产品中的轻型保护棚屋面设计本为通用的产品化设计，并非专门针对保护建筑而研发。所以，尽管有着诸多优点及灵活性，但更多用于建造临时仓库、舞台，而非建筑保护工作棚。除相关类型项目总量少外，也因其存在其他弱点，例如，该系统中桁架通常仅能承担屋面自身跨度及荷载，难以进一步拓展其他负荷功能。在需要对建筑本体大规模干预、面对下部构件或材料的起重需求时，通常需要在该脚手架—保护棚系统外再独立设计起重过梁及轨道。

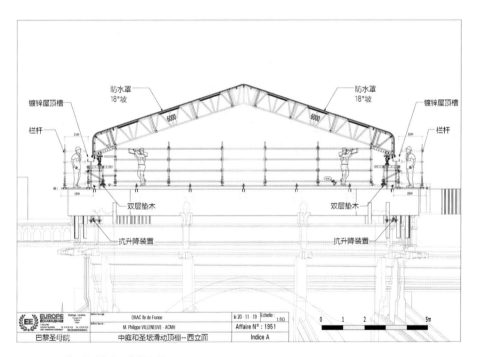

图6-10　巴黎圣母院保护工作棚图纸
作者根据以下资料翻译改绘：https://architexturez.net/file/6-temporary-sliding-roof-22parapluie-roulant-22front-view-c-europe-echafaudage-jpg。

图6-11 巴黎圣母院保护工作棚实景

图片来源：https://img9.irna.ir/d/r2/2020/07/25/3/157243868.jpg。

在国家信托基金所支持的德罗戈城堡（Castle Drogo）修缮工程中，由于干预程度及范围较大，保护工作棚采用了全覆盖式，并可见该方案中在屋面桁架基础上增加撑杆与拉索构成张弦桁架以解决跨度问题（图 6-12、图 6-13）。但与此同时，吊装装置及轨道等设备便难以与屋面结构整合，需单设轨道支架的落地点，在建造时可能存在屋面安装与吊装设备交叉作业的问题，且棚内有效空间高度降低。

图6-12　德罗戈城堡（Castle Drogo）保护工作棚外观

图片来源：https://www.lutyenstrust.org.uk/portfolio-item/castle-drogos-restoration-gathers-pace。

图6-13　德罗戈城堡（Castle Drogo）保护工作棚内景

图片来源：https://www.itv.com/news/westcountry/2016-06-07/castle-drogo-in-dartmoor-undergoes-repair-work-to-become-water-tight。

因此，对于建筑屋面干预程度较大的保护工程而言，在设计之初将吊装设备及轨道整合进屋面结构当是更为高效的选择，而这就对屋面结构的材料与构成方式提出了新的要求。将视野拉回东方，在解体维修工程较多的日本，大量的保护工作棚（素屋根）于是放弃了类似 Layher 系统的轻型屋面结构，而直接选用类似临时舞台中常用的另一类型材桁架（国内常称其为 truss 架）进行组装，并为其同样设计制作滑轮轨道系统。虽然结构自重增加，但可直接同时满足吊装需求及空间高度，施工过程中灵活性大幅度增加。近年正在进行的大安寺本堂修缮工程中，便是采用这种方式进行屋面结构的搭建（图 6-14）。

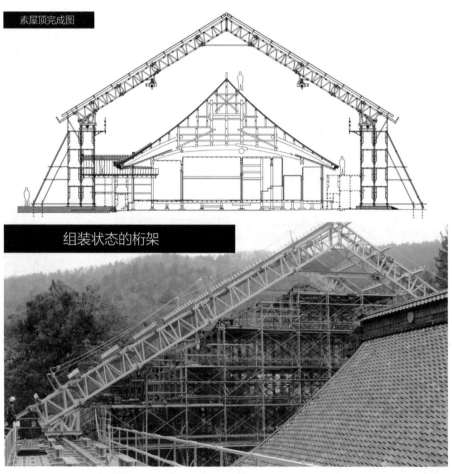

图6-14　日本常见保护工作棚形式
作者根据以下资料翻译改绘：https://genpou.jp/repair/。

然而，型钢屋面所导致的自重增加使其对下部脚手架在水平与竖直两个方向的稳定性都提出了更高的要求，但脚手架系统的标准性使其难以进行大幅度强化。所以，上述搭建方式应只适用于屋身较矮之保护建筑，在屋身较高时，脚手架系统的稳定性则难以进一步增加，该方案并不易实现。此时，将施工脚手架同保护工作棚分别进行设计，是一种更为稳妥而高效的做法。同时，这类型钢及型钢桁架的引入使跨度进一步增加成为可能，覆盖面积也可进一步增大，更易于容纳其他功能空间。

6.2.3 建筑遗产保护工作棚的功能拓展与社会属性

在现代建筑遗产保护工作中，除最基本的屋面遮蔽与构件吊装外，原有构件码放、新材料存放、现场研究等功能逐步增加，除施工人员外，研究人员也逐步成为主要使用人群。而在修缮程度较大、保护工作棚存在时间相对较长时，对公众的开放、展示与教育功能亦从幕后跃居台前，保护工作棚适宜作为多功能临时建筑而进行专门设计。因此，除跨度问题外，流线区分的重要性也逐步增加。

2011—2014 年进行的日本国宝正仓院正仓保护修复工程中，保护工作棚便充分考虑了公开展示的功能空间（图 6-15 ～图 6-17）。该保护工作棚长 47.7m、

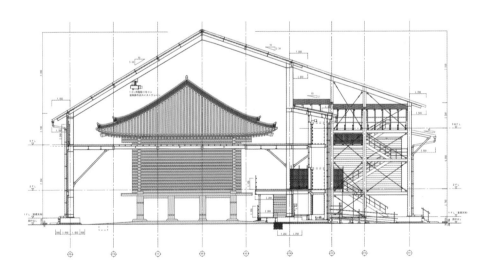

图6-15　正仓院保护工作棚横剖面图

图片来源：日本宫内厅网站，https://www.kunaicho.go.jp/event/shososeibi/index.html。

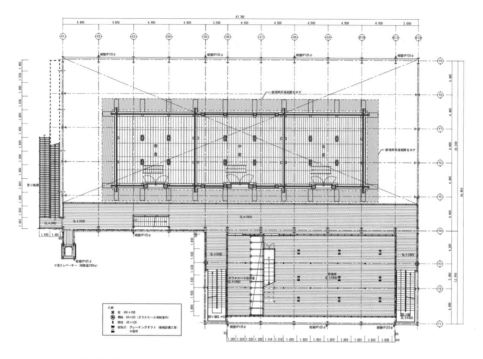

图6-16 正仓院保护工作棚平面图

图片来源：日本宫内厅网站，https://www.kunaicho.go.jp/event/shososeibi/index.html。

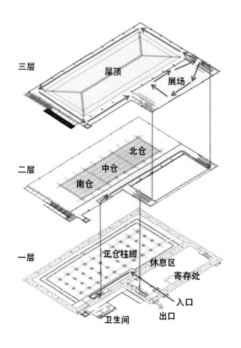

图6-17 正仓院保护工作棚流线图

作者根据以下资料翻译改绘：日本宫内厅网站，https://www.kunaicho.go.jp/event/shososeibi/index.html。

宽 34.45m，工作棚结构与脚手架系统分别进行设计（脚手架系统范围为平面图内粉红色区域）。棚内除保护工作所必需的构件存储区、新料堆放区、维修研究场地外，也为公众设置了展厅、存包处、卫生间等开放空间，并在设计时进行系统的流线规划设计，避免了内外部人员流线交叉，在保证参观的同时也防止了对保护工程的干扰。保护工程实施过程中，在保护工作棚建设完成、屋面完全揭瓦、屋面木基层整修、瓦面恢复、内檐保护完成五个时间节点进行了现场公开参观活动，充分发挥了文化遗产的多方面价值。

比正仓院保护工作棚更早也更具规模，可供游客参观的维修过程中世界遗产的保护工作棚，是 2009—2014 年姬路城大天守阁维修工程中搭建的巨型保护工作棚——天空之白鹭（图 6-18 ～图 6-21），该名因姬路城别称"白鹭城"且棚内视线高度位于白鹭城顶点而得。为在地形复杂的大天守阁处找到工程基准面并满足施工周转要求，在开始阶段首先搭建了 37.6m 高的构台，而后于其上搭建了 51.96m 的保护工作棚。主体结构均为型钢组成的桁架形式，与施工脚手架分离设计，总重量达 5700t，空间总计 8 层，建筑面积共计 2075m^2。其中一层、七层、八层用于服务参观人员。该保护工作棚自 2011 年 3 月 26 日至 2014 年 1 月 15 日开放期间，共计约 184 万人次登上位于保护工作棚七层与八层的参观设施。

图6-18 姬路城大天守阁保护工作棚外观

图片来源：https://www.kajima.co.jp/tech/himeji_castle/progress/。

图6-19 姬路城大天守阁保护工作棚内景
图片来源：https://www.kajima.co.jp/tech/himeji_castle/progress/。

图6-20 姬路城大天守阁保护工作棚室内效果图
图片来源：https://www.kajima.co.jp/news/press/201012/13a1-j.htm。

可见，这类保护工作棚之设计已接近新的市民文化中心，社会影响力、旅游号召力、宣传教育意义均十分巨大。随着人们对文化遗产认知的提高，保护工作棚本身的存在也成为了旅游宣传点。例如，在金阁寺保护工程中，很多人因认为生平难遇一次修缮场景而特意赶来对被罩住的金阁进行拍照记录或采用其他方式打卡（图6-22）。另外，由于日本文化遗产保护传统与我国及欧洲的差异性，其

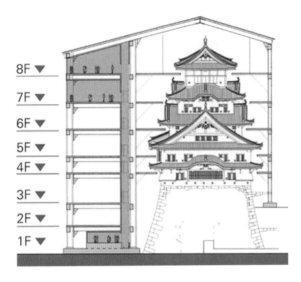

图6-21 姬路城大天守阁保护工作棚剖面图

作者根据以下资料改绘：https://www.kajima.co.jp/news/press/201012/13a1-j.htm。

对带有研究性质的解体维修工事（落架大修工程）接纳程度十分高，于是在决定对某建筑进行解体之初便进行素屋根（保护工作棚）的设计与建造，以便更及时地服务于后续研究的开展。这便使得这类保护工作棚的使用人数及生命周期均得到不同程度的增长，其建设时所增加的设计、施工等多方面成本便变得更易于接受。而历史上的多次解体重修时对场地地面的硬化改造也为这类质量巨大的保护工作棚的实现提供了场地条件。

图6-22 金阁寺保护工作棚及宣传板

图片来源：https://metropolitana.tokyo/ja/archive/18。

当保护工作棚在功能上接近市民文化中心并开始具备社会性之后，各类提案中也会逐步开始附带无关本体保护功能的设计，以提升城市形象。

在日光山轮王寺三佛堂的落架除虫保护工程中，其保护工作棚设计方案名为"天空回廊"（图 6-23、图 6-24）。该保护工作棚为桁架结构，脚手架、施工平台与主体结构相互独立设计。总体共计七层，其内除基本的修缮、码放、堆料、研究等功能及所必需的除虫熏蒸功能外，亦在一层与七层设置了用于公众参观的展示区域设计。与前文案例不同的是，该设计除立面处做建筑本体等大图像喷绘外，将需于七层高度出挑的排气口空间强化形成环绕的外廊，并在熏蒸结束后用于参观通道，以便在进行内部参观的同时获得前所未有的关于城市的外部视角，这也是"天空回廊"之名的由来。

最新公示的名古屋天守阁保护工程提案（图 6-25 ～图 6-27），则综合了多种技术手段以提升保护工作棚的展示效果。该方案除常规的展示参观空间外，还在

图6-23 轮王寺三佛堂保护工作棚外观
图片来源：https://www.momoyorozu.net/entry/2020/12/04/002333。

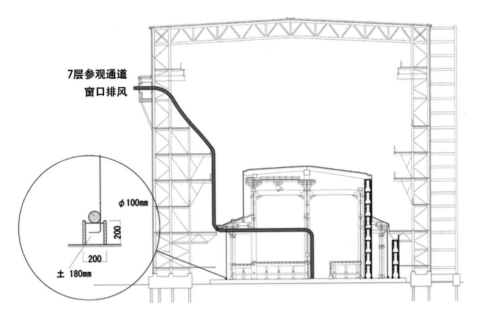

图6-24 轮王寺三佛堂保护工作棚剖面图

作者根据以下资料翻译改绘：《重要文化財輪王寺本堂の大規模被覆ガスくん蒸 —実施までの経緯の概要》。

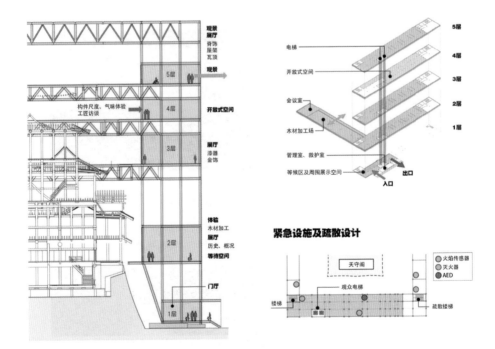

图6-25 名古屋天守阁保护工作棚设计图

作者根据以下资料翻译改绘：《名古屋城天守阁整备事业提案书》，https://www.nagoyajo.city.nagoya.jp/downloads/takenaka.pdf.

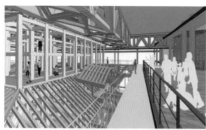
四层室内效果图

自五层展厅向外眺望

观众交流处

三层展厅效果

图6-26 名古屋天守阁保护工作棚室内效果图
作者根据以下资料翻译改绘：《名古屋城天守阁整备事业提案书》，https://www.nagoyajo.city.nagoya.
jp/downloads/takenaka.pdf。

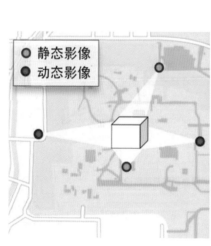

投影内容：以等比例影像再现各时代名古屋城

投影内容：Aichi设计"城堡的茧"

图6-27 名古屋城天守阁保护工作棚灯光设计图
作者根据以下资料翻译改绘：《名古屋城天守阁整备事业提案书》，https://www.nagoyajo.city.nagoya.
jp/downloads/takenaka.pdf。

四层位置引入了体验空间。同时，更考虑到天守阁的特殊位置，对其夜晚形象也进行了充分的灯光设计——于保护棚四面合适处设置四处投影装置，用以进行关于各个时代名古屋城天守阁形象介绍的灯光秀表演，以期在天守阁修缮期形成新的城市名片。

《建筑遗产保护学》在描述保护性建筑设施的基本设计原则时提到：

"……包括留有余地的适应性原则、尽量少做的必要性原则以及不宜过分强化形式特征的原则，尤其不宜以牺牲保护功能为代价而刻意模仿某种古代式样。……选址应当通过多场地设计与评估，选择对文物古迹本体和环境影响最小的方案。"

上述两个案例并未违背这一原则，它们并未在造型设计上大做文章，而只是在必要处做一点点设计，却使内外部空间体验感获得极大的提升，强化了对观众的吸引力，其目标仍是为更好地宣传遗产地的价值。

6.2.4 建筑遗产保护工作棚结构的其他可能

回归到结构的视角，这种采用大截面型钢材并与脚手架体系相独立的结构设计，亦使保护工作棚自身结构整体性大大增强。于是，在场地允许的情况下，施工组织方式有了更多选择——比如，改变结构铰接点位置，将其从墙体与屋面交接处变换至墙体与地面交接处，从而实现保护工作棚的整体滑移。

在东本愿寺保护工程中，保护工作棚需要满足位于同一轴线上的御影堂与阿弥陀堂两栋建筑的保护工作（图 6-28、图 6-29、图 6-30）。由于工程可分为一、二期分批进行，故将保护工作棚按照可将本体建筑体量较大的御影堂完全覆盖进行设计，形成面阔 92m、进深 79m、高 51m 的巨型保护工棚，施工时于最北侧逐榀拼装，随拼随向南移动。待御影堂修缮完成后，保护工作棚在牵引装置的带动下继续向南滑行约 67m，移动至阿弥陀堂上方位置并逐步拆除约 20m 面阔，最终形成完全覆盖阿弥陀堂的面阔 71m、进深 79.m、高 51m 的阿弥陀堂保护工作棚。在阿弥陀堂完成修缮工作后，保护工作棚从最南侧逐榀拆除，随拆随移，最终彻底拆除并恢复场地，实现了完全不在保护建筑本体上部跨空作业，且所有结构保持单向滑动的施工组织，最大程度地保证了整体结构及下部建筑遗产的安全。

图6-28　东本愿寺保护工作棚鸟瞰图

图片来源：https://www.obayashi.co.jp/news/detail/news_20150710_1.html。

御影堂修复时

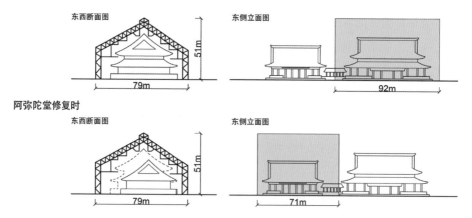

阿弥陀堂修复时

图6-29　东本愿寺保护工作棚移动示意图

图片来源：作者自绘。

图6-30 东本愿寺保护工作棚移动装置

图片来源：https://www.obayashi.co.jp/news/detail/news_20150710_1.html。

药师寺东塔保护工作棚是近年来出现的另一个有代表性的结构整体移动的案例（图6-31）。该棚重465t，42.5m的总高在将内部34.13m的东塔完全包裹后仍留有相当的预留高度，用以满足采光及吊装等相关需求。保护棚内部共有七层，除必要的修缮空间外，也同样设计了完整的参观通道。建造时，于塔身南北两侧分别建设保护工作棚的固定端及棚身主体部分，而后北侧主体部分在液压牵引装置带动下向南移动并同固定端完成合龙，共同构成完整的保护工作棚。在塔体保护工作完成后，棚身主体结构部分向北移动至安装位置，而后进行保护工作棚的拆除工作。其施工组织方式与东本愿寺保护工作棚相同，但较大的高细比及双向活动的轨道对整体结构设计提出了较高的要求。但抛开技术难度，这种往复移动的保护工作棚在未来具备更多功能拓展与应用的可能。例如，如有机会引入整体扫描设备，则可在解体工程开始前与保护工程完工后配合棚身的移动进行两次扫描，前者方便获得更多的信息从而进行更为科学的保护方案制定，后者则能在保护工程完工后获得更为全面的信息记录存档，便于后续的监测与分析研究。

图6-31 药师寺东塔保护工作棚移动过程照片

图片来源：http://www.shikoku-np.co.jp/national/culture_entertainment/photo.aspx?id=20120117000250&no=1。

6.2.5 保护工作棚综述小结

通过前文分类与梳理可知，现阶段建筑保护工作棚的设计出现了产品化与建筑化两种发展方向。产品化的保护工作棚设计中，屋面结构被整合进脚手架系统，作为高度标准化的工业产品进行整体设计，成本与荷载低，安装建设快，适应性与可循环性强，但通常功能相对单一，难以进行更多拓展。

建筑化的保护工作棚设计中，通常将保护工作棚主体结构与脚手架体系分开考虑，平面形式及跨度有了更多可能，这也为其内部能够容纳多种功能提供了有利条件。因结构整体性优良，可选施工组织方式较多，未来也易于同更多功能设备结合拓展。同时因内部可以同展厅等公共空间高度融合，公众参与度更高，更具备社会属性。不足之处则在于施工相对较慢，总体荷载与成本高，对场地及保护项目总体周期有着一定要求。

限于研究水平及视野，暂未接触到其他结构形式，而这或许也说明其他结构形式针对这类设计的适应性较低。试析原因，目前如悬索结构、膜结构等几类新型结构尽管跨度更大、质量更轻，但总有总高较高、难以避免跨越式施工或难于承受自重之外的过多其他荷载从而无法实现下部构件吊装等方面问题，难以作为主体结构使用，而更多作为围护结构或局部特殊设计出现。

总体而言，无论产品化还是建筑化的保护工作棚设计，其目标始终是在更好地保护建筑本体基础上更大程度地挖掘、阐释其价值。而这一目标的实现，需依托于对建筑本体及周边环境条件更科学的认识、对保护工作棚功能及施工组织更精细的设计、对检测分析与干预设备更具适应性的研发、对保护工程流程更完善的管理、对公众更充分的信任与更多元的互动，以及上游更完善的工业化生产链。正如《建筑遗产保护学》所言：

"必须认识到保护建筑不是单纯的建筑工程实践，也不仅仅是有建筑师提供一个解决跨度和功能性空间的过程，而是一个多学科合作的研究项目。"

6.3 功能策划

木塔医院的首要目标为完成木塔的抢救性修缮，解决其结构问题，尽可能减小甚至消除其倒塌风险；在此过程中，深化对木塔营造的木作、彩画、塑像等材料工艺和设计思想的研究，促进对木塔价值的再发现。在中长期的区间里，木塔医院除日常监测护理和研究工作外，还应拓展专业人才培养、社会公众展览等功能，扩大医院辐射范围，带动山西文物古迹保护水平的整体提高。因此，木塔医院的短期功能定位为抢救性本体工棚、预防性监测平台和研究性指挥中心，中长期功能定位为专业性培训系统、开放性互动窗口和综合性文化品牌（图 6-32）。

6.3.1 抢救性本体工棚

保护工棚是木塔保护的一线场地和设施，主要承担木塔本体的施工任务，同时需要从工作的全流程规划布局。工棚按对象分木塔空间、人员空间、设备空间和材料空间。木塔空间需要根据方案（落架/抬升/局部加固等）预留足

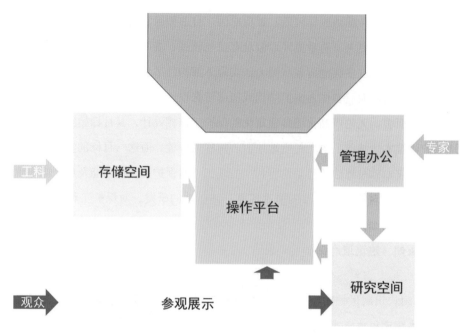

图6-32 木塔保护工作棚功能示意图
图片来源：作者自绘。

够的范围，同时与其他空间关系合理，可参考日本已较成熟的案例做适应性改造。人员空间包括施工操作空间和交通空间，前者需要考虑与木塔本体及设备的关系，后者需要协调操作空间和材料空间的关系。设备空间需要兼顾常备设备与临时设备。常备设备如监测系统、吊装系统、三防系统等，临时设备如X光机等原位检测设备。常备设备的存放与调取、临时设备的运输与使用均属于设备空间的设计范围。材料空间包含材料及其保护措施（如囊匣）的储存和运输。材料既包括木塔本体的文物构件，也包括用于补配等干预手段的现代材料。前者的运输和储存需要做妥善的预防性保护，设置囊匣等装置以减少工作过程中对文物构件的损坏。

6.3.2 预防性监测平台

预防性监测平台是木塔本体安全和现场工作安全的重要保障，是常态化、标准化预防性保护规划的落实，由现场的监测设备、监测人员和远端控制中心组成。

现场对木塔本体预防性保护的监测内容分为重大灾害预防与日常环境控制。前者包含消防、安防、防雷、防涝，后者包含温湿度、光照、空气质量等棚内微环境控制及生物病害预防。远端控制中心用于统筹监控现场数据，监测人员除分析监控数据外，还应承担起培训现场施工人员的责任，对其进行先期的规范约束和应急演练，避免因操作不当造成对文物的人为破坏。在工棚结构选型阶段，应预先勘测评估木塔周边地基承载力及施工条件，选择合适的结构形式和施工组织，避免工棚的建设过程损害木塔本体。

6.3.3 研究性指挥中心

研究性指挥中心是木塔医院异地工作的主要空间，承载非必要现场进行的各项工作。在短期内，指挥中心承担构件的非原位检测分析、预防性监控中心、构件异地修缮、干预材料预制与预实验等职能。同时具备会议研讨、管理办公、保障服务等功能。

抢救性工作趋于稳定后，指挥中心还应拓展基础研究业务，从生理、病理、药理三个方面研发攻关。以本体干预为契机，在保护的原则下充分记录和利用一手资料对木塔的结构构件和构造设计、历史经历、表面做法、材料和工艺、塑像匾额等附属文物做深化研究，分析结构及表面病害，研发可靠的干预材料和制定干预方案。建立在对木塔生理研究基础上，对其不同精度、不同尺度的完全复制和局部复制，以及对复制品在试验、展览和宣传方面的利用也可纳入指挥中心的功能布局中。

6.3.4 专业性培训系统

"十四五"规划提出："推进文物和考古学科专业建设。……构建多层次文物人才培养体系。……激发文物人才创新活力。……建强文物机构队伍。"木塔作为我国不可移动文物的典范，其保护工作需要多学科专业人才的参与，而保护工作本身又是培养和锻炼高素质人才的实践契机。正如许多高水平医院同时也与高水平医学院有长期密切的合作关系，木塔医院也应配备相应的医学院和护校，与国内外相关专业的顶尖高校和头部企业合作，校企共建实习实训基地，邀请文物领域大师、名师、工匠参与教育教学活动。

培训系统从以木塔为代表的木构建筑的生理、病理和药理三个角度切入，分别从木构建筑的构件和构造设计及其所使用的材料和工艺，木塔在结构和表面彩画及其附属文物所遭遇的病害问题，以及针对木塔特点及其病害所制定的解决方案，包括保护材料和技术的开发试验等研究的开展。"木塔医学院"应配合"全科医院"的科室，设置包括骨科（结构）、皮肤科（彩画）在内的全科专业，以及预防性保护和检测分析等专业方向。未来，还可根据实际需要持续扩展展示宣发和管理运营等下游专业，坚持研究—保护—利用全链条覆盖，"加快建设一支门类齐全、技艺精湛的文物技能人才队伍，稳步造就一支科技研发能力和技术应用能力过硬的文物科技人才队伍，锤炼一支熟悉专业、素质优良的文物管理人才队伍。加强相关行业文物保护人才培养"[1]。

在开办医学院的同时，培训系统还应配套"护校"，即培养高水平工匠的职业技术教育。文化遗产保护的终端环节决定了前期的研究和方案能否落实，进而也是保护工作质量的最后保证。我国曾有大量技艺卓越的传统工匠大师，但随着时代变迁，木工等手工艺的从业人员和市场均受到了较大冲击。文物保护不仅需要充分的前期研究、试验和方案设计，更需要大量可靠的操作来实践。山西地区有大量潜在的工匠资源，将这些工匠经过系统科学的培训后纳入保护体系中，既能够提高文物就地保护和长期保护的效率，也能在一定程度上为地方创造就业条件，实现就业和经济环境的改善，进而推出"晋匠"的行业团队，将其培养为地方文物保护的活名片。

综上，培训系统的搭建应结合规范完整的学科体系的建设进行，从全局着眼，从高处入手，从实处落脚，坚持理念引领、科技支撑、工艺保障，培养多层次、跨学科的人才梯队。

6.3.5 开放性互动窗口

社会公众的支持是文物保护可持续发展的不竭动力之源。文物保护工作是为全社会保存文明的光辉记忆，而群众的广泛参与更能使得文物保护工作事半功倍。"从群众中来，到群众中去"的思路对文物保护工作大有助益。《"十四五"文物保护和科技创新规划》指出，要"支持社会力量参与，构建多渠道基层文物保护看护机制""强化公共文化服务功能。引导文物保护单位、博物馆充分发挥公共

1.《"十四五"文物保护和科技创新规划》。

教育、文化服务等作用，让陈列在广阔大地上的文化遗产活起来""积极引导社会力量参与。拓展社会力量参与路径，鼓励社会资本投入，推广实施文明守望工程，推介拯救老屋行动、文物认养领养、文物保护志愿者、文物义务巡查员等社会力量参与实践"。

依托木塔资源建设博物馆，承担本体无法或不便承担的公共文化服务功能，向社会展示木塔重要价值和保护实践历程，通过创新的展陈方式和科学合理的系统管理，创建一扇文物向社会开放的窗口。同时，配合人才培养体系，提升博物馆等文博单位的科研能力，向公众普及科学的保护理念。

开放的窗口应是双向的，在对外输出的同时，还应创造公众参与的机会，开展志愿者性质的保护培训班，动员社会力量参与保护实践和保护宣传。以此为契机，鼓励社会资本投入保护利用，活化地方潜力资源，促进行业产业的良性循环。

6.3.6 综合性文化品牌

《"十四五"文物保护和科技创新规划》提出，要"加强文物价值阐释传播。融通多媒体资源，强化内容建设，创新表现手法，拓展传播渠道，推进重要文物全媒体传播，宣介文物保护利用理念与实践""坚持创造性转化、创新性发展，深入挖掘、广泛传播文物蕴含的文化精髓和时代价值，创新文物合理利用方式，塑造全民族历史认知，推动文物保护利用工作全面融入经济社会发展""完善文化文物单位文化创意产品开发机制，推广文物资源相关知识产权和品牌授权操作指引，支持形成一批具有影响力的文化创意品牌"。

在文旅融合新趋势下，文物保护需要通过文化品牌的塑造和推广来吸引优质资源的投入。文物保护单位可突破行业限制，与融媒体平台合作，通过人民群众喜闻乐见的表现形式和内容转译，增强文物价值和保护理念的传播力，让文化遗产活起来，融入人们的生活。还可依托木塔开发文创产品，打造文旅品牌，激活文化遗产自身的造血功能，反哺文物保护工作的可持续推进。

除木塔外，山西省拥有国内最丰富的早期木构建筑遗存，是拥有全国重点文物保护单位数量最多的省级行政单位。从木塔近可辐射同县的净土寺、同市的崇福寺，形成县域和市域的保护利用示范区；远可整合大同和忻州的丰富文物资源，形成晋北文旅核心路线和文物圈，推动区域协调发展。

6.4 概念设计

6.4.1 设计原则

6.4.1.1 不改变原状

不改变原状是指真实、完整地保护文物古迹在历史过程中形成的价值及其体现这种价值的状态，有效地保护文物古迹的历史、文化环境，并通过保护延续相关的文化传统。

文物古迹的原状主要有以下几种状态：

（1）实施保护之前的状态；

（2）历史上经过修缮、改建、重建后留存的有价值的状态，以及能够体现重要历史因素的残毁状态；

（3）局部坍塌、掩埋、变形、错置、支撑，但仍保留原构件和原有结构形制，经过修整后恢复的状态；

（4）文物古迹价值中所包含的原有环境状态。

情况复杂的状态，应经过科学鉴别，确定原状的内容。

由于长期无人管理而出现的污渍秽迹，荒芜堆积，不属于文物古迹原状。

历史上多次进行干预后保留至今的各种状态，应详细鉴别论证，确定各个部位和各个构件价值，以确定原状应包含的全部内容。

一处文物古迹中保存有若干时期不同的构件和手法时，经过价值论证，可以根据不同的价值采取不同的措施，使有保存价值的部分都得到保护。

不改变文物原状的原则可以包括保存现状和恢复原状两方面内容。

必须保存现状的对象有：

（1）古遗址，特别是尚留有较多人类活动遗迹的地面遗存；

（2）文物古迹群体的布局；

（3）文物古迹群中不同时期有价值的各个单体；

（4）文物古迹中不同时期有价值的各种构件和工艺手法；

（5）独立的和附属于建筑的艺术品的现存状态；

（6）经过重大自然灾害后遗留下有研究价值的残损状态；

（7）在重大历史事件中被损坏后有纪念价值的残损状态；

（8）没有重大变化的历史环境。

可以恢复原状的对象有：

（1）坍塌、掩埋、污损、荒芜以前的状态；

（2）变形、错置、支撑以前的状态；

（3）有实物遗存足以证明原状的少量的缺失部分；

（4）虽无实物遗存，但经过科学考证和与同期同类实物比较，可以确认原状的少量缺失的和改变过的构件；

（5）经鉴别论证，去除后代修缮中无保留价值的部分，恢复到一定历史时期的状态；

（6）能够体现文物古迹价值的历史环境。

6.4.1.2 真实性

真实性是指文物古迹本身的材料、工艺、设计及其环境和它所反映的历史、文化、社会等相关信息的真实性。对文物古迹的保护就是保护这些信息及其来源的真实性。与文物古迹相关的文化传统的延续同样也是对真实性的保护。

6.4.1.3 完整性

文物古迹的保护是对其价值、价值载体及其环境等体现文物古迹价值的各个要素的完整保护。文物古迹在历史演化过程中形成的包括各个时代特征、具有价值的物质遗存都应得到尊重。

6.4.1.4 最低限度干预

应当把干预限制在保证文物古迹安全的程度上。为减少对文物古迹的干预，应对文物古迹采取预防性保护。

6.4.1.5 保护文化传统

当文物古迹与某种文化传统相关联，文物古迹的价值又取决于这种文化传统的延续时，在保护文物古迹的同时应考虑对这种文化传统的保护。

6.4.1.6 使用恰当的保护技术

应当使用经过检验的、有利于文物古迹长期保存的成熟技术，对文物古迹原有的技术和材料应当保护，对原有科学的、利于文物古迹长期保护的传统工艺应当传承。所有新材料和工艺都必须经过前期试验，证明切实有效，对文物古迹长期保存无害、无碍，方可使用。

所有保护措施不得妨碍再次对文物古迹进行保护，在可能的情况下应当是可逆的。

6.4.1.7 防灾减灾

及时认识并消除可能引发灾害的危险因素，预防灾害的发生。

要充分评估各类灾害对文物古迹和人员可能造成的危害，制定应对突发灾害的应急预案，把灾害发生后可能出现的损失减到最低程度。对相关人员进行应急预案培训。

6.4.2 设计依据

6.4.2.1 法律法规

《中华人民共和国文物法》（2017）

《中华人民共和国文物保护法实施条例》（2013）

6.4.2.2 准则规范

International Charter for the Conservation and Restoration of Monuments and Sites（1964）

Convention Concerning the Protection of the World Cultural and National Heritage（1972）

Guidelines for Education and Training in the Conservation of Monuments, Ensembles and Sites（1993）

The Nara Document on Authenticity（1994）

Principles for the Recording of Monuments, Groups of Buildings and Sites（1996）

Burra Chapter（1999）

Principles for the Preservation of Historic Timber Structures（1999）

Principles for the Analysis, Conservation and Structural Restoration of Architectural Heritage（2003）

《文物保护工程管理办法》（2003）

《国家文物局突发事件应急工作管理办法》（2003）

The ICOMOS Chapter for the Interpretation and Presentation of Cultural Heritage Sites（2008）（文化遗产阐释与展示宪章）

《中国文物古迹保护准则》（2015）

6.4.2.3 伦理文件

Competences for Access to the Conservation-Restoration Profession（2010）

AIC Code of Ethics and Guidelines for Practice（2008）

American Institute for Conservation of Historic and Artistic Works

6.4.2.4 前期研究

梁思成《山西应县佛宫寺辽释迦木塔》

陈明达《应县木塔》

侯卫东《应县木塔保护研究》

6.4.3 设计策略

（1）结构形式：通过对木塔场地条件、病害状况等因素的综合考虑，保护工作棚主体宜选用核心筒—钢桁架作为基本结构体系，从而尽可能实现装配式建造，并在满足荷载要求的同时精确控制结构落地位置，以最大程度减小对地面的扰动（图6-33）。

（2）剖面设计：因逐层落架仍为后续干预手段的主要考虑方向之一，构件提升设备在保护工作棚的设计中应占有很重要的位置。如此，则需考虑木塔不同层构件的有效提升问题，保护工作棚中各层空间高度便需得到保障。同时，为防止保护工作棚荷载导致的塔基不均匀沉降，亦应将各层空间及结构进行分散设计（图6-34）。

图6-33 应县木塔周边鸟瞰

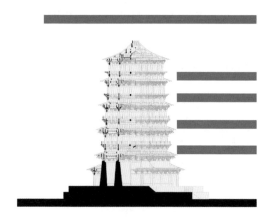

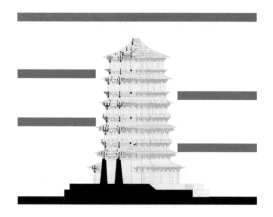

图6-34 木塔保护工作棚剖面示意

（3）场地布置：考虑到木塔研究、干预及材料存放所需面积，同时尽可能避让现有文物建筑本体（包括木塔及周边明清时期文物建筑），可将保护工作棚主要体量布置于木塔东西方向——如此亦可充分利用西侧广场及东侧道路，实现参观人员与工料的分流（图6-35）。

（4）平面布置：根据木塔平面形式推测其基础情况，并在进行退让后选择结构落点，以最大程度避免对基础的扰动。结构筒将同时容纳交通、物料运输、管线等功能，在配合结构设计的同时，满足疏散要求及保护工作棚其他需求（图6-36）。

图6-35　木塔保护工作棚建设范围示意图1

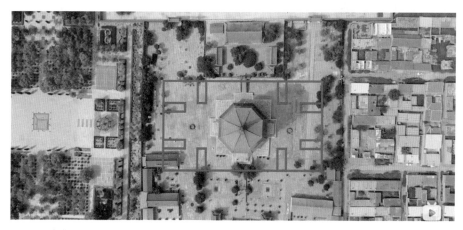

图6-36　木塔保护工作棚结构布置示意图2

6.4.4 概念设计方案

根据以上策略，我们提出如下概念设计：木塔保护工作棚东西长约121m，南北宽约70m，高约70m，中心容纳木塔处为长宽各38m的通高空间，东西为主要功能空间，用于构件、造像的存放与检测记录等工作；总面积约17 000m²。

保护工作棚采用装配式钢结构体系，通过8个8m×16m的结构筒体将整个体量支撑，最大跨度处57m。为保证各层空间净高并分散荷载，平面按19m、28.5m、37.5m、45.5m四种标高错层布置，标高与木塔各明层标高基本一致，以便构件及造像的水平运输，从而保证干预过程中的文物安全；地面标高至19m标高平面处一侧可作为用于公众宣教及参观的博物馆，另一侧则用于工料的运输；各结构层高4m，用于承受上部存放构件荷载、下部吊装设备荷载及容纳设备管线；屋顶部分为滑移式施工，自两侧边组装边向中间移动，最终完全覆盖木塔，以保障木塔本体安全。各标准层结构筒之间区域为预留的通用空间，可临时封闭，作为研究空间或熏蒸空间等功能进行使用。保护工作棚结构不与木塔本体直接接触，而是通过通高空间中的可移动平台靠近木塔，以满足人员活动及落架时的运输功能。

木塔保护工作棚建造过程示意图等如图6-37～图6-41所示。

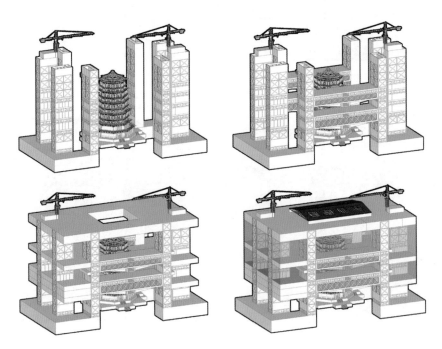

图6-37 木塔保护工作棚建造过程示意图

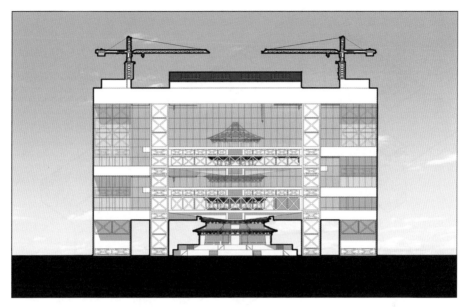

图6-38　木塔保护工作棚立面示意图

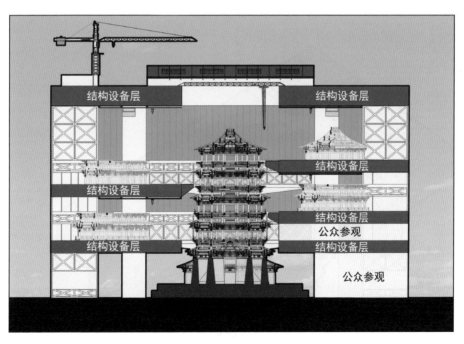

图6-39　木塔保护工作棚剖面示意图

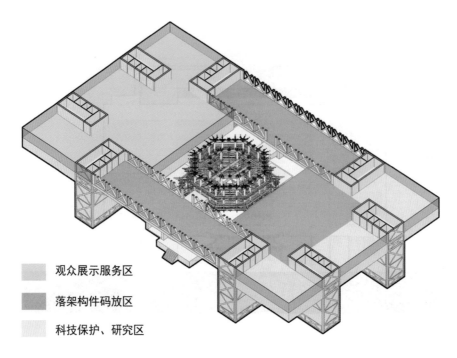

观众展示服务区

落架构件码放区

科技保护、研究区

图6-40 木塔保护工作棚19m标高平面示意图

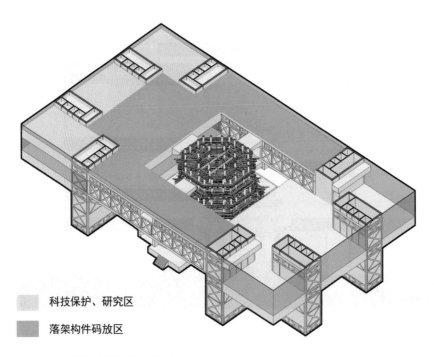

科技保护、研究区

落架构件码放区

图6-41 木塔保护工作棚标准层平面示意图

6.4.5 深化设计方向

本设计仍处于概念方案设计阶段，谨为木塔病房设计的初步探索。后续面临一系列的多学科合作的深化任务，除木塔干预方案的选择对保护工作棚设计有较大影响外，深化设计任务还有如下五方面工作：

（1）详细地勘，通过地勘数据确定场地最大荷载及结构落点。

（2）深化平面，明确各功能分区，梳理流线，对观众、专业人员、物料进行精细分流。

（3）优化结构，进一步区分受拉、受压杆件，尽可能使用钢拉索取代钢杆件，最大程度减小结构构件截面或结构层高度，以充分降低荷载。

（4）深化装配式设计，采用成熟技术并尽最大可能减小现场工作量，以降低对木塔的风险。

（5）设备选型与整合，根据实际需求选择安全可靠且轻量化的提升、平移、熏蒸、扫描等设备，并将其尽可能整合到结构设计、管线设计、流线设计之中，从而最大程度减小荷载，降低风险。

参考文献

[1] 国际古迹遗址理事会中国国家委员会. 2015 中国文物古迹保护准则［S］. 2015.

[2] 国家文物局. 文物保护工程设计文件编制深度要求（试行）［EB/OL］.（2013-05-10）. http://www. ncha.gov.cn/art/2020/9/15/art_2407_134.html.

[3] 朱光亚，等. 建筑遗产保护学［M］. 南京：东南大学出版社，2019.

[4] HELBIG T，JUNGJOHANN H，OPPE M，等. 模块化结构的回归：具备适应性的脚手架形成建筑的承重结构［J］. 建筑细部，2013（6）：918-924.

[5] 丛勐. 由建造到设计：可移动建筑产品研发设计及过程管理方法［M］. 南京：东南大学出版社，2017.

[6] 吕舟. 佛光寺东大殿建筑勘察研究报告［M］. 北京：文物出版社，2011.

[7] 侯卫东. 应县木塔保护研究［M］. 北京：文物出版社，2016.

[8] 荣山庆二（Sakayama Keiji）. 日本文物建筑保护及维修方法研究［D］. 北京：清华大学，2013.

后记

刘畅

从木塔的屋架上下到地面，庆幸疫情的"仁慈"，仍然允许我们从事自己心爱的工作；抬头望向刚刚工作的地方，一下子感叹起信仰的力量，令蝼蚁一般的众生用身边普通的木材搭起人和佛之间的阶梯。

当然钦佩王贵祥老师的测绘，陈明达先生的著述，梁思成先生的创举，但是没有辽代奉敕募建大塔的田和尚，也就没了后面所有的故事。田和尚必要去认识达官贵人，无此则无以谋钱粮；田和尚也必须懂得甄别匠人，无此则无以委重任。当时必定需要的是有胆识的达官贵人，能一掷千金，也须深谙一掷千金的意义所在；当时必定需要的是既有经验，又有创造力，既懂得结构稳定性，又追求造型气韵的大匠，甚至需要他把工程报酬放在次要的位置。

一下子，已是将近一千年之后。保护木塔同样需要资源，需要"三甲"文物医院的主治医生，当然，也需要田和尚——项目协调人。简单地类比，今天国家文化事业的大策略取代了古代信仰，可以统筹更加丰富的资源；CRAFT 培养的学生相当于实习大夫——或者未来有人成长为医师。但如此庞大而综合的项目依然需要项目协调人。他须能协调资源的分配和使用，他须能甄别众多医生当中各个参与科室的轻重缓急和会诊、入场次序，以及科室中有哪位医生最为胜任。今天的田和尚，大可不必假装自己对于专科医学也多么精通，同时需要他在信仰的加持下用好资源——警惕生意人的蠢蠢欲动，并激励潜在创造力的迸发。

感慨一遭，已经到了 2022 年春节。忐忑地揣测下一次现场踏勘的时间会不会因为疫情而变得遥远。唯有踏踏实实地，先利用留守清华的机会谋划一下力所能及的工作计划吧——建设我们文物医院的检验科，尝试研发为木塔隐蔽部位探伤的新设备。徘徊着，盘算着，一下子跳入脑海的居然是这样一只小诗。